교회학교 학생 100%

오케스트라 하는 교회

이정신 지음

오케스트라 교회

초판 발행 2016년 5월 18일
2쇄 발행 2016년 7월 3일

지은이 이정신
펴낸이 이호연
펴낸곳 새로운길
출판등록 제2016-000026호

디자인 김도윤
편 집 고윤환
교 정 이권훈
마케팅 이한용

주 소 고양시 일산서구 탄현동 일현로 70 104동 1303호
전 화 031-916-5997
팩 스 0505-333-3031
이메일 dodun7@naver.com
홈페이지 newroad.modoo.at
가 격 11,500원
Isbn **979-11-957406-1-1**

특성화 교회의 모델

오케스트라 교회

이정신 지음

새로운 길

프롤로그

얼마전까지만 해도 우리 교단에서는 수련 목회자 과정을 마치고 목사 안수를 받기 위해 교회를 개척해야 했다. 나도 수련 목회 과정 3년을 마치고 교회를 개척해야 할 시점에 교회 자리가 났다. 상가 2층에 있는 개척한지 1년 된 교회였다. 교회를 찾아갔더니 100m 근방에 교회가 5개나 더 있었다. 그렇게 교회가 많은데 그런 곳에서 목회를 해야 하는지 갈등이 생겼다.

멘토 목사님은 무조건 가라고 하셨다. 지하가 아니면 고민할 것도 없다고 하셨다. 그만큼 담임 목회자로 부임할 교회도 없고 교회를 개척하려 해도 개척할 자리조차 찾기 힘든 상황이었다.

이것이 지금으로부터 10년 전의 얘기다. 우리 교단에서는 작년부터 수련목회 과정을 마치고 개척을 하지 않아도 목사 안수를 받고 부목회자로 사역을 할 수 있게 되었다. 수련 목회 과정에 있는 후배 목회자들에겐 정말 다행스런 일이다.

물론 그렇다고 목회자 수급 문제가 완전히 해결되었다고 볼 수는 없다. 매 해 마다 신학교에서 수많은 예비 목회자가 배출되고 있다. 목회자 수급 문제는 앞으로 계속 고민하며 풀어야 할 숙제다.

한국 교회가 직면한 문제는 여기서 끝나지 않는다. 우리 나라 기독교인의 수가 점점 감소하고 있는데 이는 사회적으로 교회 성장이 멈췄다는 것을 보여준다. 전반적으로 교회 성장이 멈추면 교회들은 위기에 직면하게 된다. 문을 닫는 교회들도 많아지게 된다. 현재로는 상가에 있는 작은 교회들이 제일 큰 위기에 봉착해 있다. 한국 교회가 사회적으로 성장 동력을 상실한 상태에서 작은 교회들이 자체적인 힘으로 성장 동력을 돌리기는 역부족일 것이다.

작은 교회는 담임 목회자가 유일한 성장 동력일 가능성이 크다. 작은 교회 목회자는 혼자서 많은 일을 감당해야만 한다. 하지만 그만큼 빨리 힘을 잃고 만다. 이처럼 성장 동력의 수가 적은 교회 일수록 자립하기가 어렵게 된다. 작은 교회가 건강하게 성장하려면 이런 구조적인 문제를 보완해야 한다. 교회 문 만 열어놓으면 성장하는 시대는 이미 지나갔다. 어쩌면 상가 교회의 성장 시대도 멀지 않아 끝나게 될 수도 있다.

그렇다고 작은 교회가 필요 없다고 말할 수 없다. 이런 때 일수록 작은 교회의 역할이 절실하다. 또 다른 면에서는 가족 공동체 같은 작은 교회를 원하는 시대적 요청이 있다. 이 시대는 다양한 신앙의 형태를 필요로 한다. 큰 교회에서 신앙 생활하기 원하는 교인들도 있고 가족 같이 작은 교회에서 신앙 생활을 하기 원하는 교인들도 있다. 요즘 가나안 성도가 계속해서 늘어나는 상황을 볼 때 그들이 원하는 신앙의 형태를 빨리 파악하는 것이 필요해 보인다. 작은 교회는 이들이 원하는 신앙의 형태를 파악하고 더 빨리 대처해 나갈 수 있는 장점이 있다.

그 대처 방안 중에 하나가 교회의 특성화이다. 교회가 할 수 있는 많은 사역들 중에 개 교회가 감당할 수 있는 사역들만 선택해서 집중하는 것이 특성화이다. 교회 특성화에 대한 다양한 의견들이 있다. 그만큼 교회를 특성화하는 것에는 장 단점이 있다.

그러나 현재 상가 교회 중에 특히 작은 교회는 선택의 시간이 많이 남아 있지 않다. 교회 특성화의 단점을 감안하더라도 장점을 살려 교회의 특성화 작업을 통해 교회의 새로운 목회 방향을 시도해야 한다.

지금까지 교회 성장의 관점에서 보면 대체로 교회가 작은 것은 흠이 되어 왔다. 큰 교회는 성공한 교회고 작은 교회는 실패한 교회가 된다. 나는 개척교회를 시작해서 10년째 작은 교회 목사이다. 그리고 앞으로 작은 교회를 목회하는 작은 교회 목사로써 얼마나 더 있어야 할지도 모를 일이다. 교회 성장의 관점에서 보면 나의 개척 교회 10년은 실패한 목회다. 이 시대 상가에서 개척 교회를 시작하는 목사들은 평생 실패한 목사라는 꼬리표를 달고 다녀야 할지 모른다.

그러나 개척 교회가 부흥하지 않는 현실 속에서 교회 성장의 목회 방향만 바라보기 보다는 건강한 목회로 방향을 전환하여 건강한 교회가 되는 길을 진지하게 모색해 봐야 한다. 작은 것과 건강한 것은 별개의 문제다. 물론 큰 것과 건강한 것도 별개다. 작다고 건강하지 않은 것이 아니고 크다고 모두 건강한 것도 아니다.

오히려 커지게 되면서 문제가 발생하는 경우가 더 많다. 이제 교회 성장의 패러다임이 변해야 한다. 작지만 건강한 교회가 세워져야 한다. 교회가 건강해지면 더 이상 교회가 작아도 실패한 목회가 아니다.

우리 교회는 '교회 학교 학생 100% 오케스트라 하는 교회'이다. 개척 교회부터 시작한 바이올린 교실을 교회 학교에 접목하여 이와같은 교회 특성화가 이루어지게 되었다. 작은 교회 목회 10년 동안 교회의 특성화를 이루면서 작지만 건강한 교회를 이해하게 되었다. 교회 특성화는 건강한 교회가 되는 방향이 되고 있다.

이런 우리 교회의 특성화 과정이 작지만 건강한 교회의 모델을 제시하는 하나의 사례가 되었으면 한다. 작지만 건강한 교회가 되기 위해서는 교회 특성화의 과정을 이해해야 한다. 단순히 교회의 프로그램만을 가지고 교회가 특성화 되었다고 할 수 없다. 이 책은 건강한 교회가 되기 위해 교회를 특성화 하는 과정을 소개한다.

'오케스트라 교회'라는 특성화가 거창할 수 있다. 주위에 오케스트라를 하는 교회들이 많이 있는데 대부분 큰 교회가 오케스트라도 잘 한다. 그런 걸 보면 작은 교회는 오케스트라를 감히 시작할 엄두를 내지 못한다.

하지만 나는 개척 교회 10년 동안 오케스트라 하는 교회를 만들면서 하나님의 은혜를 많이 경험했다. 하나님은 찬양을 받으시기 위해 우리를 지으셨다. 교회가 하나님을 찬양하는 것은 교회의 본질이고 사명이다. 찬양은 하나님이 기뻐하시는 일이다. 그러니 오케스트라를 통해서 교회 특성화를 이루는 것은 목회의 바람직한 방향이 된다.

이 책은 작은 교회는 물론 어느 교회나 오케스트라를 잘 할 수 있도록 접근 방법을 제시하고 있다. 어느 교회나 오케스트라 하는 교회를 만들어 하나님을 찬양할 수 있고 찬양하는 가운데 우리 교회와 같이 하나님의 은혜를 경험하게 될 것이다.

우리는 2012년 부터 교회 오케스트라 세우는 비전을 여러 교회들과 함께 나누고 그 교회들이 교회 오케스트라 세우는 일을 도와주었다. 그 교회들 역시 오케스트라를 하면서 건강해지는 것을 경험하게 되었다. 교회들이 건강해지는 경험들을 통해서 교회 오케스트라 세우는 비전을 더 많은 교회들과 나누고 싶어 졌다. 이것이 책을 쓰는 계기가 되었다. 이 책을 통해서 교회마다 오케스트라가 세워지고 교회 특성화가 이루어져서 많은 교회가 건강하게 성장해 나가기를 소망한다.

2016년 4월 10일 작지만 건강한 교회를 꿈꾸며...

C·O·N·T·E·N·T·S

프롤로그

Part 01. 왜 교회 오케스트라인가?
　01　많으면 많을수록 좋아　　　　　　　　　　　16

Part 02. 산곡제일교회 오케스트라 이야기
　01　찾아오는 교회　　　　　　　　　　　　　30
　02　탁구 교실　　　　　　　　　　　　　　35
　03　바이올린 교실　　　　　　　　　　　　37
　04　학교 앞 전도　　　　　　　　　　　　　45
　05　교회학교의 시작　　　　　　　　　　　49
　06　바이올린 선생님　　　　　　　　　　　51
　07　바이올린 5분 레슨　　　　　　　　　　55
　08　예배 반주자　　　　　　　　　　　　　57
　09　첼로 선생님　　　　　　　　　　　　　61
　10　비전의 발전　　　　　　　　　　　　　64

Part 03. 목회 비전

01 건강한 교회   72

02 목회자의 비전   76

03 목회자의 능력   80

04 목회 철학 1: 사울   84

05 목회 철학 2: 다윗   91

06 하나님의 일꾼   100

07 왕 같은 제사장   104

Part 04. 교회 특성화

01 선택과 집중   110

02 교회 학교 전도   116

03 교회 학교 예배   121

04 교회 학교 교육   124

05 청년부 사역   131

06 특성화 목회   136

07 목회사역의 통합 1: 전도   139

08 목회사역의 통합 2: 예배 · 말씀   144

09 교회 세우기   148

Part 05. 비전의 나눔

01 도움 받은 교회에서 도와주는 교회로   154

02 교회 비전팀 구성   156

03 송내교회와 비전 나눔   158

04 청년부를 중심으로   161

05 학원 레슨과 교회 레슨의 차이   163

06 관현악 앙상블 레슨   169

07 바이올린 전공자 파송   172

08 F국 선교팀의 교회 방문   178

09 패밀리 오케스트라 연주회   181

10 교회 연합 오케스트라 창단   187

에필로그

Part 01.

왜
교회 오케스트라인가?

01
.
.
.

많으면 많을수록 좋아

수련목회자로 사역하면서 학생부를 지도했을 때의 일이다. 교회학교 학생부의 활성화를 위해 학생부 찬양단을 만들기로 했다. 그리고 신디, 일렉 기타, 드럼을 연주할 학생들과 노래를 할 학생들을 모아서 찬양단을 구성했다. 이렇게 만들어진 찬양단의 실력을 향상시킬 수 있는 방법이 필요했다. 방법을 모색하던 중에 주위의 여러 교회와 학생부 찬양단 연합 행사를 계획하고 찬양 전문사역자를 통하여 교회들의 학생부 찬양단이 지도를 받을 수 있게 했다.

찬양 전문가의 지도를 통해서 찬양단의 실력을 향상 시킨다는 의도는 참 좋았다. 그런데 문제는 여러 교회 학생부 찬양단이 연합하는 방법에서 발생했다. 다섯 교회 정도의 찬양단이 모이게 되어 연합 찬양 예배를 준비하는데 다섯 교회 중에서 누가 악기를 다룰 것인지 결정해야 했다. 그런데 교회마다 한 명씩 악기를 다루는 주자가 있어서 그중에 한 명을 선정하기가 쉽지 않았다. 실력으로 각 악기 파트 주자를 뽑자는 의견도 있었지만, 학생부 연합 찬양단 모임이다 보니 누가 앞에 나가서 찬양하는가 하는 문제는 민감했다. 결국, 이 문제를 시원하게 해결 하지 못한 상태에서 찬양단 연합모임은 오래 가지 못했다.

이런 일은 찬양단 연합 행사에서 뿐만 아니라 많은 교회에서도 일어날 수 있는 현상이다. 요즘은 어릴 때부터 피아노는 기본으로 배우기 때문에 작은 교회가 아니라면 교회마다 피아노 반주자가 여러 명 있어서 교회가 이들을 활용하는데 적지 않은 어려움을 겪는 경우가 발생할 수도 있다. 피아노뿐만 아니라 교회 찬양단에서도 악기를 다룰 줄 아는 사람은 계속 배출이 되는데 교회에서 연주할 자리는 한정되어 있으므로 그들의 욕구를 다 채워주기가 쉽지 않다.

악기 중에 교회에서 많으면 많을수록 좋은 것이 무엇일까 생각하던 중에 현악기라면 많아도 좋지 않을까 생각했다. 바이올린, 비올라, 첼로는 많아도 연합이 가능하므로 많으면 많을수록 좋은 것으로 생각했다.

일산에 있는 교회에서 수련목회자로 있으면서 교회학교 아동부에서 관현악팀을 모집했다. 다행히 교회에는 바이올린, 첼로, 플룻, 클라리넷, 피아노를 하는 학생들이 있었다. 이들의 현악기 실력은 음악 학원에서 1~2년 배운 정도였다. 현악기는 1, 2년 배웠다고 사람들 앞에서 연주할 수 있는 악기가 아니다. 솔직히 현악기를 5년 배운 사람도 대중 앞에서 연주하는 것은 무리다. 그러니 관현악기를 5년 동안 열심히 배워도 어디에 써먹을 때가 없는 것이 현실이다. 그래서 나는 이들을 데리고 어떻게 관현악팀을 만들어야 할지 고민해야 했다.

주일 오전 예배를 드리는데 교회 성가대의 은혜로운 찬양을 듣게 되었다. 찬양을 듣는 가운데 성가대를 보니 은혜로운 찬양을 부르는 성가대도 단원들 가운데 대중 앞에서 혼자서 찬양을 부를 수 있는 사람은 많지 않아 보였다. 성가대에서도 솔로 역할은 주로 외부에서 영입한 전공자의 몫이었다. 대체로 교회 성가대의 실력이 비슷하지 않은가. 내가 청년 때 성가대에서 봉사할 때는 성가대 단원이 되는데 따로 오디션도 없었다. 계이름 읽고 소리만 낼 줄 아는 사람이면 성가대 단원으로 서로가 영입하려고 했었다. 그런 단원들도 기존의 성가대 대원들과 섞여서 은혜로운 찬양을 드렸고 듣는 성도들도 은혜를 받았다.

성가대의 은혜로운 찬양을 듣고 나서 나는 관현악 팀도 성가대처럼 하면 되겠구나 생각했다. 관현악 앙상블의 단원이 되겠다고 모인 학생들 개개인의 실력은 뛰어나지 않아도 성가대처럼 화음이 모이면 은혜로운 찬양을 연주할 수 있겠다 싶었다. 그래서 이들을 모아 관현악 팀을 만들고 매주 연습시켜서 한 달에 한 번 주일 오전 대예배 헌금 시간에 특별연주를 할 수 있었다. 개인의 실력은 뛰어나지 않았지만, 생각대로 악기들이 연합하여 화음을 이루니 은혜로 들어줄 만했다. 수련목회자 과정을 마치고 개척 교회에 부임할 때까지 3년 동안 관현악 앙상블을 맡아 지도하게 되었다.

이런 경험을 바탕으로 개척교회에 부임해서 목회의 방향을 정할 때 찬양단이 아닌 바이올린 교실로 방향을 잡을 수 있었다. 교회에서 바이올린을 하는 사람은 많으면 많을수록 좋은 것이기 때문이다. 많으면 많을수록 좋다는 생각으로 시작한 바이올린 교실은 '예배 찬양 사역자

100명을 세우는 목회 비전에 영향을 주었다. 현악기를 다루는 사람은 100명이 있어도 연합이 가능할 수 있다. 나는 우리 교회에 나오는 모든 학생에게 악기를 하나씩 배우게 하고 있다. 피아노를 배우고 있는 학생이라도 모두와의 연합을 위해서 현악기 하나는 따로 배우게 하고 있다.

앞으로 한국 교회가 교회 오케스트라에 관심을 가져야 한다고 생각한다. 교회 교인들의 삶의 수준이 높아지면서 관현악을 배우는 사람들이 많아지고 있다. 그리고 이들은 교회에서 듣는 것에서 그치지 않고 악기를 통해 참여하고자 하는 욕구를 가지게 될 것이다. 교회가 교회 오케스트라에 참여하고자 하는 성도들의 욕구를 수용하고 충족시켜 줄 때 그것이 교회 성장에도 영향을 미칠 것이다. 교회가 사람들의 욕구를 잘 이해하고 그 욕구를 해결할 수 있도록 도움을 줄 때 교회 성장도 그와 함께 일어나게 된다.

선교사들을 통하여 기독교가 한국에 들어왔을 때 초기 한국 교회는 사회에 학교와 병원을 짓고 교육 선교와 의료 선교 사업을 활발히 펼쳐왔다. 그것이 당시 사회의 욕구였고 교회는 그 사회의 욕구를 충족시켜 주었다. 그러자 그로 인해 교회도 함께 성장하였다. 한때 많은 교회가 유치원을 설립해서 운영하던 시기도 있었다. 그때는 유치원이 사회의 욕구였다. 그래서 교회는 유치원을 운영하면서 사회의 욕구를 충족시켜 주었고 그로 인해 교회가 부흥한 사례도 적지 않게 들을 수 있었다.

교회가 사회의 욕구를 이해하고 그것을 충족시켜 줄 때 믿지 않는 사람들을 교회로 인도할 수 있었다. 교회가 사회적 욕구를 충족시켜 주는 것은 믿지 않는 사람들과 접촉할 수 있는 통로가 되는 것이다. 그러나 요즘은 교회가 학교나 병원이나 유치원을 설립해서 운영하려 하지 않는다. 학교나 유치원이 사회에 필요가 없어서가 아니다. 이제는 교회가 하지 않아도 나라와 사회에서 이러한 일들을 더 잘하기 때문이다. 이제 교회가 아무리 잘하려고 해도 이런 일들은 국가와 사회를 따라갈 수 없게 되었다. 그러면서 교회는 많은 부분에서 사회와의 접촉점을 잃게 된 것이다. 그런 측면에서 교회 성장도 부정적인 영향을 받을 수밖에 없다.

현재의 사회적 욕구는 무엇일까. 많은 목회자가 사회와의 접촉점을 찾고자 애쓰고 있다. 접촉점을 찾고자 시대에 따라 변하는 사람들의 욕구가 무엇인지 이해하려고 노력한다. 우리나라는 교육열이 높기 때문에 교회에서 학생들에게 공부를 가르치는 공부방도 인기가 있다. 공부방도 믿지 않는 사람들과 접촉점이 될 수 있다.

우리나라가 선진국에 진입하면서 자아실현의 욕구가 높아질 것이다. 교회가 시대적인 자아실현의 욕구를 이해하고 준비한다면 사회와의 접촉점을 찾아낼 수 있을 것이다. 사회의 욕구를 찾아내는 것에서 그치지 말고 사회가 채워주지 못하는 사람들의 욕구를 찾아 그 틈을 공략 할 수 있어야 한다.

우리 교회의 비전인 교회 오케스트라 세우기는 사람들에게 교회와 사회를 이어주는 좋은 접촉점이 될 수 있다. 우리나라가 경제적으로 크게 성장하고 삶의 수준까지 높아지면서 사람들의 문화적 욕구도 함께 높아졌다. 예전에 현악기는 아무나 할 수 없는 악기였지만 지금은 달라졌다. 이미 많은 사람이 현악기에 대해 관심이 있고 많은 사람이 현악기를 배우고 있다. 요즘 아이들은 음악학원에서 피아노를 배우는 것은 기본이고 특강으로 바이올린도 함께 배우는 시대가 되었다. 교회가 오케스트라에 관심을 두고 오케스트라를 만들면 이들의 욕구를 충족시킬 수 있다.

교회 학교 학생들의 수가 교회마다 줄고 있다고 한다. 교회마다 아이들이 없다고 한다. 그래서 교회 학교가 문을 닫고 있다. 교회가 이들의 욕구를 채워주지 못하는 것이 아닐까. 교회가 교회 학교 오케스트라를 통해서 악기를 배우는 수많은 아이들을 가르친다면 사람들이 찾아오는 교회가 될 것이다.

이러한 시대의 욕구를 반영하듯이 사회적으로도 오케스트라 활동이 활발하게 이루어지고 있다. 교회뿐만 아니라 학교나 기업 등에서도 오케스트라를 구성하고 운영하면서 활발하게 이 일에 뛰어들고 있다. 그러나 오케스트라의 특성을 잘 이해하면 오케스트라 활동은 교회가 가장 잘 할 수 있다. 오케스트라는 수직적 구조라는 특성이 있다. 내가 이해하는 오케스트라의 수직적 구조는 단원들의 실력을 의미한다.

바이올린 주자는 실력에 따라 뛰어난 사람이 앞자리에 앉고 그보다 실력이 못한 단원은 뒷자리에 앉게 된다. 이렇게 되면 실력이 안 되는 사람은 뒤로 밀리고 밀려 결국에는 오케스트라의 단원조차 될 수 없게 된다. 그로인해 오케스트라 단원은 아무나 될 수 없고 악기를 배워도 아마추어는 오케스트라 활동을 하기가 어렵다는 얘기다. 결국, 오케스트라는 악기를 전공한 사람만이 할 수 있는 활동이 된다. 악기를 5년, 10년 배운 사람조차 오케스트라 활동을 하고 싶어도 할 수가 없다.

이런 오케스트라의 특성 때문에 오케스트라는 교회에서 하기에 가장 적합한 활동이 된다. 교회는 실력을 중요시하지 않아도 되는 곳이기 때문이다. 교회 오케스트라는 실력이 우선이 아니다. 호흡이 있는 자는 누구나 하나님을 찬양하는 것이 우선이 되는 것이다. 그래서 교회는 사회와 같이 실력 위주로 오케스트라를 운영해서는 안 된다. 그렇게 되면 누구나 찬양을 할 수 있는 교회가 되지 못한다. 교회는 실력 위주의 운영을 뛰어넘을 수 있으므로 사회보다 오케스트라 운영을 더 잘할 수 있게 된다. 이러한 오케스트라의 특성을 이해하고 교회가 사회나 기업의 오케스트라에서 하지 못하는 방법으로 접근한다면 교회의 오케스트라는 충분히 해볼 만하다.

교회 오케스트라를 큰 교회만이 할 수 있느냐? 그렇지 않다. 작은 교회도 얼마든지 교회 학교 오케스트라나 교회 오케스트라를 운영할 수 있다. 이것이 내가 이 글을 쓰는 이유이다. 솔직히 큰 교회도 쉽사리 오케스트라를 하겠다고 덤비지 못한다. 그렇다고 작은 교회가 오케스트라를 시작하는 것을 겁낼 필요는 없다.

오케스트라의 특성을 이해하면 작은 교회도 얼마든지 교회 오케스트라를 운영할 수 있다. 사회에서 운영하는 방식만 버리면 된다. 하나님은 찬양하는 것을 기뻐하시는 것이다. 사람을 기쁘게 하는 오케스트라가 아닌 하나님을 기쁘게 하는 오케스트라를 만든다고 하면 얼마든지 작은 교회도 오케스트라를 할 수 있다.

하나님은 찬양을 원하신다. 이것이 내가 이 글을 통해 누구나 찬양할 수 있는 교회를 만들고자 하는 이유이다. 누구나 오케스트라를 통하여 찬양할 수 있는 교회가 될 때 성령이 강하게 역사하는 경험을 하게 될 것이다.

한국 교회가 성장할 때는 성가대 대원이 차고 넘쳤다. 하나님은 찬양을 원하시고 교회가 찬양할 때 성령의 역사를 보여주신다. 교회마다 성가대를 통하여 교회 성장을 경험하였다. 그 때는 교회에 나온 지 얼마 되지 않는 성도도 성가대 대원으로 세웠고, 그들이 계이름만 알고 목소리만 낼 줄 알면 누구나 성가대를 할 수 있었다. 하나님은 이들의 찬양도 기뻐하셨다. 교회는 찬양을 통해 은혜를 받고 성령을 체험하였다.

성경을 통해서 찬양으로 많은 역사와 능력을 행하신 하나님을 경험한다. 이스라엘이 가나안에 진입하여 여리고 성을 점령하기 위해 여리고 성을 돌 때 모든 백성은 잠잠하고 오직 제사장들만이 나팔을 불었다. 하나님의 능력으로 여리고 성은 무너져 내렸다. 바울과 실라가 이방인들에게 복음을 전하다가 감옥에 갇히게 되었다. 이들이 감옥에 갇혔을 때 원망과 불평이 아닌 기도와 찬양을 하나님께 드렸다. 그때 하나님의 능력으로 옥문이 열리고 그들의 매인 것이 풀어졌다. 그리고 간수가 회개하고 그 집이 구원을 받는 역사가 나타났다. 찬양을 통해 우리가 경험하는 하나님의 능력은 이루 헤아릴 수 없을 정도로 많다. 그것은 하나님이 찬양을 원하시기 때문이 아니겠는가.

누구나 성가대를 하려고 했을 때는 고등학교를 졸업하는 학생들에게 교사와 성가대 봉사는 당연 직이었다. 청년들을 통하여 성령의 역사가 강하게 나타났고 교회는 청년들에 의해 크게 성장할 수 있었다. 한국 교회에 강한 성령의 역사가 나타나게 했던 성가대가 힘을 잃고 있다. 교회 학교 학생의 수가 줄듯이 교회 성가대원의 수도 줄고 있다. 청년들이 성가대를 하려고 하지 않는다. 젊은이들이 성가대를 하려고 하지 않는다. 젊은이들이 성령의 능력을 상실하고 있다. 교회도 힘을 잃고 있다.

교회 오케스트라를 세우는 사역은 교회의 찬양을 살려보자는 운동이다. 교회는 찬양이 살아야 성령이 강하게 역사하시고 성도들이 하나님의 능력을 지닐 수 있게 된다. 교회에 찬양을 살리려면 젊은이들이 찬양에 앞장서야 한다.

찬양단은 몇몇 젊은이들에 의해 이끌어지고 있다. 많아도 서로 불편하다. 그러나 성가대와 같이 찬양하는 사람이 많으면 많을수록 성령의 역사가 강하게 나타난다. 젊은이들로 하나님을 찬양하게 하는 가장 좋은 방법이 교회 오케스트라이다. 모든 사람이 한 악기씩 배워서 오케스트라에 참여한다면 한국 교회에 더욱 강한 성령의 바람이 불 것이라 확신한다.

오케스트라에 참여하기 위해 현악기를 배우기는 쉽지 않은 일이다. 그런데도 교회는 이 일을 이루어야 한다. 교회는 이 일을 해내야 한다. 왜냐하면, 하나님이 찬양을 원하시고 기뻐하시기 때문이다. 내게는 이러한 사명이 있었기에 우리 교회 교회학교 학생 100%가 악기를 배우고 오케스트라 하는 교회가 되었다.

처음에는 바이올린 교실을 운영하여 학생들에게 악기를 가르치고 예배 반주자로 세우는 일을 했다. 학생들을 예배 반주자로 세우기 위해 악기로 계이름만 연주해도 바로 반주자로 세우기도 하였다. 예전에 교회에서 목소리만 낼 수 있으면 성가대 대원이 될 수 있었던 것처럼 계이름만 연주해도 누구나 참여할 수 있는 오케스트라가 되어야 한다. 누구나 할 수 있도록 오케스트라를 운영하는 것이 교회가 오케스트라 운영을 잘할 수 있는 비결이다. 그렇게 교회 오케스트라가 운영될 때 자연스럽게 교회학교와 교회가 부흥하게 되는 것이다.

이런 방식으로 교회 오케스트라를 운영한다면 10년에서 20년간은 사회가 교회를 따라오지 못할 것이다. 물론 사회가 오케스트라의 특성을 이해하고 그것을 뛰어넘을 수 있는 대안을 만든다면 모를까. 하지만 사회는 경쟁을 통해 가치를 높이는 실력 위주의 운영 방식을 쉽게 포기하지 못할 것이다. 사회가 오케스트라 운영 방식을 쉽게 바꾸지 못하게 되면 교회의 오케스트라 세우는 활동은 대중들에게 계속해서 좋은 반응을 일으킬 것이다.

이것이 내가 교회의 비전을 다른 교회와도 나누고 싶은 이유 중에 하나이다. 우리 교회뿐만 아니라 다른 교회들도 오케스트라 세우기 사역을 통하여 교회 찬양의 부흥이 교회의 부흥으로 나아갈 수 있기를 바란다.

Part 02.

산곡제일교회
오케스트라 이야기

01

·
·
·

찾아오는 교회

우리 교회 특징을 한 마디로 표현하면 '교회학교 학생 100% 오케스트라 하는 교회'이다. 나는 개척 목회 10년 이야기를 통해서 어떻게 교회학교 학생 100% 오케스트라 하는 교회가 되었는지 설명하려고 한다. 물론 우리가 교회 오케스트라를 하는데 많은 시간이 걸렸다. 개척교회 10년의 중에서 7년이라는 적지 않은 시간이 걸렸다. 그런데 7년이라는 시간을 통해서 오케스트라의 특성을 이해하고 그동안의 경험을 통해서 좀 더 쉽게 교회 오케스트라를 세우는 방법을 깨달을 수 있게 되었다. 누구나 오케스트라를 할 수 있는 길을 이해하게 되었다. 우리 교회 오케스트라 세우는 과정을 보면서 오케스트라의 특성을 이해하고 더 쉽게 오케스트라를 세우는 지혜를 얻기를 바란다.

일산에서 수련목회자 3년 과정을 마치고 2006년 1월에 산곡제일 교회에 부임했다. 그런데 교회에 부임하고 보니 교회에 남아있는 교인이 하나도 없었다. 원인은 전임자가 이 교회를 개척한 지 일 년밖에 되지 않았기 때문이었다. 일 년 동안 구성된 교인들은 전임자와 친분이 가까운 분들이었기에 담임자가 바뀌면서 교인들도 교회를 떠나 전에 다니는 교회로 옮기게 되었다. 그리고 교회는 텅 비게 되었다.

교회에 부임할 당시 미혼이었던 나는 새벽 기도를 마치고 퇴근할 때까지 교회에 머물러 있었다. 새벽기도를 마치고 집에 가지 않고 교회에서 아침과 점심을 해결했다. 그리고 저녁까지 교회를 비우지 않고 교회를 지켰다. 그 당시에는 목사 안수를 앞둔 목회자였기에 이 정도의 헌신은 아무것도 아니라 생각했다.

하지만 문제는 온종일 교회를 지키고 있어도 교회를 찾아오는 사람이 한 사람도 없었다는 것이다. 교회는 제법 사람들이 많이 지나다니는 사거리에 위치한 상가 2층에 있었다. 교회 주변은 개인 주택과 빌라들이 많이 있었고 초등학교 2개와 인근에 중학교 2개가 있었기에 동네에는 아이들과 학생들이 많이 지나다녔다. 그래서 내심 지나가는 아이들이라도 교회에 올까 기대했지만 한 명도 오지 않았다. 그렇게 2주를 지냈다. 교회 안에서 사람들을 기다리면서 보름이 지나서야 내가 사람들을 찾으러 나가지 않으면 아무도 교회에 찾아오지 않을거라는 것을 깨달았다. 그 사실에 나는 불안해지기 시작했다. 내가 교인을 찾으러 가야 한다는 것은 이전에는 겪어 보지 않은 것이었다.

전도사로 경험했던 큰 교회에는 늘 교인이 많이 있었다. 그래서 그때는 교인이 없다고 걱정 할 필요도 없었고 교인을 찾으러 나갈 필요가 없었다. 그런데 개척 교회에 와서 막상 누군가를 찾으러 나가야 한다고 생각하니 누구를 찾아가야 할까 고민하지 않을 수 없었다. 결혼하지 않은 전도사가 찾아갈 수 있는 대상은 그리 많지 않아 보였다. 전도할 대상을 찾는 것도 걱정이었지만 대상을 정하고 찾아가는 것보다 더 큰 문제는 전도한 대상자를 교회에 데려왔을 때였다. 교회에 데려온 사람들에게 해 줄 수 있는 것이 없었다.

생각해 보니 사람들을 찾으러 나가서 그들을 교회에 데려와도 그들을 교회에 머물게 할 수 있는 준비가 되어 있지 않았다. 교회에 오는 사람들에게 해 줄 수 있는 것이 없는데 사람들을 찾아가서 교회로 데려올 자신이 없었다. 내가 전도 대상자를 찾아 전도한다고 해도 준비되지 않은 교회에 그들이 나를 따라올 것 같지 않았다. 내가 대상을 정해서 자신 있게 전도하려면 사람들을 찾으러 나가기 전에 사람들이 교회에 와서 머물고 싶은 교회로 만드는 것이 우선이라 생각했다. 내가 그들에게 해 줄 수 있는 것이 무엇일까? 교회의 구성원이 없었기 때문에 전도한 사람들을 교회에 오래 머물게 하기 위해서는 내가 직접 그들에게 해 줄 수 있는 것이 필요하다고 생각했다.

물론 내가 전도와 기도와 말씀으로 준비되어 있었다면 이런 고민은 하지 않았을 것이다. 복음과 기도와 말씀으로 준비되어 나가서 복음을 전하고 전도되어 오는 사람들에게 기도해 주고 말씀을 가르쳐 주는 것으로 교인을 만들고 교회를 세워나갔을 것이다. 하지만 나는 그런 능력을 발휘할 준비가 되어있지 않았다. 목사 안수받기까지 10년이 걸렸음에도 불구하고 나에게는 개척 교회를 이끌어갈 구체적인 방법이 없었다. 후회했지만 이미 엎질러진 물이었다. 마냥 사람들이 오기를 기다리기만 할 수도 없었다. 나는 머물 수 있는 교회를 만들기 위해 우선 내가 전도할 수 있는 대상자를 선정하기로 했다. 대상자가 정해져야 그들의 특성에 맞춰서 그들을 어떻게 교회에 머물게 할지 준비할 수 있었기 때문이다. 처음에는 교회를 자립된 교회로 빨리 성장시키기 위해서는 장년을 상대로 전도하는 것이 가장 바람직하다고 생각했다. 하지만 장년들을 상대한다는 것이 나에게는 부담스러웠다.

신학생 시절에 두 교회에서 교육전도사 사역을 경험했을 뿐이었다. 교육전도사로 아동부만 맡아서 사역했기 때문에 장년부를 맡아서 사역해 본 경험이 없다. 그리고 대학원을 졸업하고 수련목회자 3년 과정에서도 첫해는 아동부를 맡았고 그다음 해는 중고등부를 맡았고 마지막 3년째는 청년부를 맡았다. 수련목회자 과정에서도 장년들을 지도해 본 적이 없었다. 그런 내가 목회에 나와서 장년들이 무엇을 필요로 하는지, 그들의 특성은 어떤지 전혀 이해하지 못한채 사역을 해야했다. 장년들을 어떻게 상대해야 할지, 그들을 어떻게 전도해야할지, 그들을 어떻게 머물게 할지 그리고 그들을 위해 어떤 준비를 해야 할지 전혀 감을 잡을 수가 없었다.

물론 교육전도사로 교회 학교를 맡아서 결혼한 교사들과도 함께 일을 했지만, 목회에 나와서 내가 결혼하지 않은 상태에서 소위 아줌마들을 전도하고 그들을 교회에 데리고 오는 것도 솔직히 부담스러웠다. 아직 교회 상황이 그들을 머물게 할 수 있는 상황이 아니라 생각되었다. 그러다 보니 내가 나가서 데려올 수 있는 대상은 어린이 밖에 없었다. 다행히 교회에서 200m 정도의 거리에 두 개의 초등학교가 있었다. 그래서 내가 전도해야 할 대상으로 초등학교 학생들을 정하게 되었다.

초등학생들로 전도 대상이 정해지니 그들이 교회에 온 후에 그들을 어떻게 머물게 할지에 대해서 생각하게 되었다. 초등학교 학생들이 교회에 오면 무엇을 해 줄지를 고민했다. 그들이 교회에 머물고 싶어 하고 계속 교회에 나오고 싶은 마음을 갖게 할 수 있는 것이 무엇일까. 우선은 내가 그들에게 잘 해줄 수 있는 것이어야 했다. 학생들이 우리 교회에 와서 머물 수 있도록 준비하는 과정에서 놀라운 것을 발견하게 되었다. 아무것도 준비되지 못했다고 생각했던 나를 하나님께서는 이미 준비해 두셨다는 것을 깨닫게 된 것이다.

02
.
.
.

탁구교실

　수련목회자 시절에 탁구장에서 전문지도자에게 6개월 정도 탁구를 배운 경험이 있었다. 그 당시 인천에서 일산으로 대중교통으로 출퇴근을 했는데 왕복 4시간이 소요되었다. 이렇게 대중교통을 이용해서 출퇴근을 한 지 1년쯤 되었을 때, 몸이 피곤하고 체력의 한계를 느끼게 되었다. 그래서 운동의 필요성을 절감하고 시작한 것이 탁구였다.

　탁구는 어릴 적에 형제들과 탁구장에서 몇 번 쳐 본 적이 있어서 친근감이 있는 운동이었다. 지금까지 탁구를 좋아는 했지만, 전문가에게 레슨을 받은 적이 없었다. 그런데 전문지도자에게 탁구 레슨을 받으면서 탁구에도 기술이 정말 많다는 것을 알았다. 그리고 전문가에게 배우지 않았다면 짧은 시간에 그 기술들을 혼자서 터득하는 것은 불가능했을 것이다. 건강을 위해 시작한 탁구 레슨은 여름이 되면서 바쁜 교회 활동으로 중단할 수밖에 없었다. 그렇지만 이때 받은 5개월 정도의 짧은 레슨 경험으로도 개척 교회에 찾아오는 초등학교 학생들을 가르치고 상대하기에는 충분했다. 레슨을 통해 탁구를 배워보니 건강 증진과 친교를 위해서도 좋은 운동이라는 것을 깨닫게 되었다. 탁구는 좁은 장소나 실내에서 할 수 있기 때문에 날씨의 영향을 받지 않고 언제든지 꾸준히 즐길 수 있는 운동이라 작은 교회에서 하기에 적합하다고 생각했다.

어릴 적부터 운동하는 것을 좋아했다. 운동에 소질이 있는 정도는 아니었지만, 초등학교와 중학교 때는 축구를 좋아했고, 중학교 3학년 때부터 고등학교 때는 농구를 좋아했다. 그리고 운동장에서 노는 것만큼은 누구보다도 잘할 자신이 있었다. 그래서 교회에서 탁구 교실을 운영하면 학생들에게 탁구를 가르치는 것을 힘들지 않고 즐기면서 할 수 있으리라 생각했다. 월요일부터 금요일까지 수업이 끝나는 오후 시간에 교회에서 탁구 교실을 하기로 했다. 학생들을 전도하고 교회에 데리고 와서 탁구를 가르쳐 주려고 했다. 수련목회자 때 탁구 레슨을 받았던 탁구장에 전화해서 탁구대를 주문하고 여러 가지 준비하는 일들이 순조롭게 진행이 되었다. 그리고 아이들의 겨울 방학이 끝나기만을 기다렸다.

03
.
.
.
바이올린 교실

솔직히 나는 어릴 적부터 음악과는 거리가 멀었다. 시골에서 초등학교에 다녔는데 초등학교 2학년이 되었을 때 음악 시간에 이런 일이 있었다. 음악 시간에 반 친구들과 노래를 배우는데 우리 반에 노래를 아주 못하는 음치 다섯 명이 있었다. 우리 반 선생님은 음악 시간이 끝날 때 음치 다섯 명을 불러 앞에 세우고 그 날 배운 노래를 부르게 하셨다. 나는 우리 반 음치 베스트 5에 뽑혀서 친구들 앞에서 망신을 당했다. 이런 나는 음악을 잘하기는커녕 음악을 좋아하지도 않았다. 대중 앞에 나가서 노래 부르는 것을 싫어하게 됐던 나는 교회 중등부에 올라가서 곤욕을 치러야 했다. 중학생이 되어 교회 중등부에 진급했을 때, 주위에서는 장래 희망이 목사인 내가 학생부에 올라왔다고 내심 기대를 많이 한 것 같았다.

그 기대는 제일 먼저 나를 학생부 성가대에 가입하게 하는 것으로 이어졌다. 학생부 임원들은 나에게 성가대 가입을 여러 번 요청했다.

나는 일주일 동안 수요예배, 금요 철야 기도회, 토요일 학생부 예배, 주일 오전 예배, 주일 저녁 예배에 빠지는 일이 없었지만, 사람들 앞에 서서 노래하는 것이 싫었기 때문에 학생부 성가대에 가입하는 것은 생각하지도 않고 있었다.

한번은 주일 오전에 학생부 예배를 드리고 집에 가는데 학생회 임원이 내 앞을 가로 막아섰다. 오늘은 자기와 같이 성가대 연습을 하러 가자는 것이었다. 여러 번 요청이 있었던 터라 거절할 말이 없었다. 그래서 무작정 집으로 도망을 치기 시작했다. 학생부 임원도 이번만은 절대 물러서지 않겠다고 굳게 다짐했는지 도망치는 나의 뒤를 계속 따라 왔다. 나보다 나이가 많은 학생부 임원을 따돌리기는 쉽지 않았다. 집으로 가는 길에 한 건물을 계속 돌면서 따라 오는 것을 포기하게 하려 했지만, 학생부 임원도 쉽게 물러서지 않았다. 하는 수 없이 나는 학생부 임원을 뿌리치기 위해서 차가 많이 다니는 8차선의 도로를 무단 횡단하여 도망하는 방법을 선택했다. 8차선의 도로를 무단 횡단하는 계획은 멋지게 성공했고 학생부 임원은 그런 나를 더는 따라오지 못했고 그 후로 나를 성가대에 세우는 일을 포기한 듯했다.

그 일이 있고 나서 나를 성가대에 세우려고 했던 학생부 임원에게 미안한 마음이 들었다. 그리고 내가 뭐라고 그렇게까지 나를 성가대에 등록시키려 했는지 오히려 이제는 내가 성가대에 가입하지 않는 것이 하나님께 죄를 짓는 것 같다는 생각을 하게 되었다. 그 후로 나는 자진해서 학생부 성가대에 가입하게 되었고 학생부 성가대에서 누구보다도 열심히 봉사하게 되었다. 성가대에 들어가서 처음에는 베이스 파트에

속하게 되었고 차후에 테너로 위치를 바꾸기도 했다. 그렇게 시작한 성가대는 고등학교 3학년까지도 중단하지 않을 정도로 열심히 하였다. 그리고 학생부를 졸업하고 청년이 되어서도 교사와 성가대를 병행할 정도로 성가대에 열정을 가지고 봉사하게 되었다. 물론 성가대를 오래 해도 타고난 음치와 박치는 벗어나지 못했다.

음악을 싫어하던 나는 그렇게 성가대를 통해 음악과 가까워지게 되었고 신학대학교에 들어가게 되었다. 신학교에 합격하고 제일 먼저 한 것이 피아노 학원에 등록한 것이다. 입학하기 전인 2월에 피아노 학원에 다니기 시작했다. 그래서 신학교 1학년 때는 신학 공부만큼이나 피아노 배우기에 열심이었다. 월요일부터 금요일까지 오후 4시에 대학교 수업이 끝나는 동시에 서울에서 인천으로 내려와서 초등학교 아이들 속에서 피아노를 배웠다. 1년간의 짧은 피아노 레슨이었지만 그렇게 해서 1년 동안 굳은 손가락을 열심히 움직이며 바이엘 상권과 하권을 배우게 되었다. 솔직히 1년을 배웠지만 내가 피아노를 이해하기에는 너무나 짧은 시간이었다.

현악기를 접하게 된 것은 대학원 1학년 때였다. 인천에 있는 교회 에서 교육전도사로 사역하고 있었을 때 교회학교 학생이 바이올린 학원에 등록하러 가는데 그 학생의 어머니가 나도 같이 갔으면 좋겠다고 하셨다. 그래서 태어나서 처음으로 바이올린 학원에 가게 되었다. 그때까지만 해도 내가 현악기를 하게 될 줄은 꿈에도 생각하지 못했다. 현악기는 나와 전혀 상관이 없는 다른 세계에 있는 사람들이 하는 것으로 막연히 생각했을 뿐이었다.

그곳에서 최불휘 선생님을 만나게 되었다. 내가 전도사라고 소개하자 선생님은 자신도 교회 음악에 많은 관심을 가지고 계시다면서 나에게 교회 음악의 중요성에 대해 말씀하시기 시작했다. 그러면서 교회의 음악은 담임 목회자의 생각에 따라 좌우될 수 있으니 음악을 더 배워보는 것이 어떻겠냐고 하셨다. 그렇게 해서 나는 그날로 학원에 등록하게 되었다. 바이올린 학원에 등록하고 무슨 악기를 배울까 고민하다가 저음인 첼로 소리가 마음에 들어서 첼로를 배우게 되었다. 첼로를 배우기 전에는 라디오에서 흘러나오는 오케스트라 연주를 들을 때 악기 소리를 구분하지 못했는데 첼로를 배우고 나서 오케스트라에서 들려오는 여러 악기의 화음 속에서 첼로 소리가 들려오기 시작했다. 첼로 소리가 들려오니 악기 배우는 것에 흥미를 느끼게 되었고 차츰 다른 악기 소리에도 익숙하게 되었다.

　악기 배우는 것에 흥미를 느끼면서 신학대학원을 다니는 2년 동안 열심히 첼로를 배웠다. 2년 후에 신학대학원을 마치고 목사 안수 받는 과정으로 수련목회자 사역을 하게 되면서　첼로 배우는 것을 중단할 수밖에 없었다. 첼로를 계속 배우고 싶었지만 연습할 시간이 부족했다. 첼로를 2년 정도 배우고 나니 나 같이 음악성이 부족한 사람이 일주일에 한 번 첼로 레슨을 받기 위해서는 매일 한 시간 이상씩 연습해야 한다는 것을 알게 되었다. 그런데 수련목회자 사역을 하면서 왕복 4시간에 걸쳐 출퇴근하다 보니 매일 한 시간씩 시간을 내서 연습하는 것이 어렵게 되었다.

　그런 상황을 선생님께 말씀드렸더니 악기를 바꿔서 다른 악기를 배워 보는 것이 어떻겠냐고 하셨다. 그래서 나는 첼로 대신에 비올라를 배우기로 하였다. 비올라는 바이올린보다 조금 컸지만, 모양이 비슷했고, 줄의 음정은 첼로와 같았다. 그래서 첼로와 바이올린을 배운 사람은 비올라에 더 쉽게 접근할 수 있었다. 나는 첼로에서 비올라로 악기를 바꾸는 과정에 바이올린도 3개월 배우게 되었다. 그리고 3개월 후에 비올라 레슨으로 전향했다. 수련목회자 3년 동안 일주일 중 월요일에 한 시간씩 비올라를 배우게 되었고 이로 인해 수련목회자 과정을 마치고 개척 교회에 부임할 때까지 악기 배우는 것을 쉬지 않게 되었다. 5년 동안 악기를 배웠지만, 솔직히 악기 실력은 크게 늘지 않았다. 내가 워낙 음악적으로 소질이 없는 것이 주된 이유이고 음악을 전공하려고 악기를 배우는 것이 아니라서 그만큼 열심히 하지 않은 것도 실력이 늘지 않은 이유였을 것이다.

그런 나에 비해 나와 함께 악기를 배우는 아이들의 실력은 놀라울 정도로 빠르게 늘고 있었다. 심지어 나보다 훨씬 늦게 배우기 시작한 아이들이 나보다 앞서갈 때는 솔직히 속상하기도 했지만, 그것을 통해 아이들의 무한한 잠재력과 가능성을 깨닫게 되었다. 그리고 모든 배움이 그렇듯이 실력이 향상될 단계에서 연습 시간이 부족하다고 악기를 바꾸었으니 그런 나에게 더 나은 실력을 기대하는 것이 부끄러운 일인지 모른다.

최불휘 선생님은 나의 이러한 모든 상황을 이해하시고 5년 동안 악기를 가르쳐 주시면서 레슨을 하실 때 악기 실력이 향상되는 것에는 크게 연연해 하지 않으셨다. 오히려 일주일에 1시간 진행되는 레슨에서 악기 레슨보다 교회 음악에 대한 이야기로 레슨이 이어질 때가 많았다. 중간에 포기하지 않고 계속해서 악기를 배울 수 있었던 것만으로도 감사한 일이었다.

음악에 대한 뛰어난 실력이 없었지만 어릴 적부터 개척 교회 목회를 시작할 때까지 좋든 싫든 음악과 연관되어 왔다. 이러한 나의 경험이 개척 교회에 부임하고 목회를 하며 전도한 아이들에게 바이올린을 가르쳐 주는 바이올린 교실로 자연스럽게 이어지게 되었다. 물론 내가 음악성이 뛰어나거나 바이올린을 잘 다루어서 바이올린 교실을 시작한 것은 아니지만, 초등학교 2학년 때 음치 베스트 5에 뽑힌 것도, 학생부와 청년부 때의 성가대 경험도 그리고 개척교회를 하기 전까지 악기를 배우게 된 일들을 돌아볼 때 우리 교회 바이올린 교실은 하나님의 인도하심이 있었다고 생각한다.

이왕에 여러 악기를 배우게 된 이야기를 했으니 개척 교회 부임 후 플룻을 1년 배운 이야기도 해 보고 싶다. 플룻을 배우게 된 동기는 수련목회자 과정을 마치고는 개척교회 담임자로 부임하면서 비올라를 계속 배우기가 쉽지 않아졌기 때문이다. 비올라를 3년 배우고 나니 첼로 2년 배웠을 때처럼 일주일에 한 번 있는 비올라 레슨을 위해서는 매일 많은 연습을 해야 했다. 개척 교회 담임자가 되니 연습할 시간이 없어서라기 보다는 연습할 마음의 여유가 없었다. 그래서 비올라 레슨을 중단하고 다른 악기를 배우기로 하였다. 그래서 선택한 것이 플룻이었다. 5년 동안 현악기를 배웠으니 관악기 쪽도 배우고 싶어졌다. 솔직히 예전부터 관악기를 배우고 싶었다. 그래서 플룻을 배우기로 하고 악기를 사야 하는데 그 당시 개척교회 목회를 하면서 선뜻 플룻을 사는 것이 쉽지 않았다.

그때 결혼을 하지 못하고 총각으로 목회하는 나에게 이응수 목사님이 섬기는 교회 장로님의 따님을 소개해 주셨다. 소개받은 청년은 어릴 적부터 주안 지방 성민교회를 다니면서 교사는 물론이고 예배 피아노 반주자와 성가대 반주자로 봉사하고 있었다. 그런데 알고 보니 피아노만 잘 치는 것이 아니라 고등학교 때는 바이올린도 배웠고 청년 때는 가야금도 배우고 플룻을 배웠다는 것이다. 내 실력은 형편없었지만, 대학생 때 배운 피아노와 5년간 현악기들을 꾸준히 배운 경험들이 서로 교제하는 데 도움이 되었던 것 같다.

플룻 레슨을 위해 플룻을 사야 했는데 상대가 플룻을 가지고 있다고 하니 악기를 빌리고자 하는 마음이 들었다. 그래서 나는 아내를 처음 만난 자리에서 앞으로 플룻도 배우려고 한다는 것을 살짝 언급했다. 물론 상대에 마음이 있었던 나는 플룻을 빌려 달라는 마음을 가지면서 아브라함의 종이 이삭의 배우자를 찾기 위해 리브가에게 물을 길어 줄 것을 부탁했던 말씀을 떠올렸다. 그녀가 나에게 플룻을 빌려주면 하나님이 이 청년을 나의 배우자로 만나게 해 주신 증거가 아니겠는가.

그녀는 나의 부탁을 받아들이고 내게 플룻을 빌려 주었다. 물론 그녀는 나의 그런 속마음까지는 모르고 플룻을 빌려 주었을 것이다. 나는 그녀가 빌려준 플룻으로 1년 동안 최불휘 선생님으로부터 플룻을 배우게 되었고 1년 후에 그녀와 결혼도 하게 되었다. 지금도 아내는 그때 내가 플룻을 빌리면서 그런 생각을 했다는 것을 모를 것이다. 그리고 결혼한 후에 아내와 함께 학원에 같이 다니게 되었다. 아내는 최불휘 선생님으로부터 플룻을 다시 배우게 되었고 나도 비올라를 다시 시작하게 되었다. 내가 악기를 배우지 않았다면 이렇게 좋은 아내를 만나 결혼할 수 있었을까. 예배 찬양 사역자를 세우는 비전을 위해 준비된 사모를 하나님이 예비하신 것 아닐까.

배우자의 만남과 결혼을 통해서 악기가 내 인생과 생활에 주는 유익을 경험하였다. 내가 좋은 배우자를 만나서 결혼하니 내 수준이 높아지게 되었다. 그리고 이렇게 결혼을 통해 수준이 높아질 수 있었던 것은 어찌 보면 그동안 내가 배운 악기가 주는 유익이라 할 수 있었다. 악기가 내 생활의 수준을 높여 준 경험이었다. 결혼을 통해 현악기를 배우게 되면 삶의 수준이 높아진다는 것을 피부로 경험하고 깨닫게 되면서 새삼스럽게 내가 교회에서 악기를 가르쳐야 할 필요성을 느끼게 되었다.

현악기를 배우는 것이 나의 삶의 수준을 높여 준 것처럼 현악기를 배우는 모든 사람의 수준을 높여 줄 것이라는 생각을 하게 된 것이다. 현악기는 사회에서 말하는 고급 악기이고 교회에서 볼 때 하나님이 주신 최고의 선물이 아니겠는가. 이런 고급 악기를 다루면 그만큼 그 사람의 수준도 덩달아 높아지게 되고 더 나은 삶을 살게 되리라 본다.

04

.
.
.

학교 앞 전도

초등학교 학생들이 찾아오는 교회, 머무르는 교회가 되기 위해 탁구 교실과 바이올린 교실을 운영하기로 하고 겨울 방학이 끝나는데로 초등학교 앞으로 전도를 나가기로 했다. 지인의 도움으로 구매한 탁구대가 2월 초에 도착해서 탁구 교실의 준비는 다 된 셈이었다. 바이올린 교실을 위해서는 학생용 바이올린이 필요했다. 전도해서 오는 학생들에게 바이올린을 가르쳐 줄 터이니 그 비싼 악기를 사라고 할 수도 없는 일이었다. 내가 유능한 바이올린 선생님도 아니고 말이다. 다행히 지인들을 통해서 집에서 쓰지 않는 학생용 바이올린을 겨울 방학이 끝나기 전에 구할 수 있게 되었다.

탁구대를 설치하고 어린이용 바이올린도 준비해 놓고 이제 전도지를 준비해서 전도만 나가면 될거 같았다. 교회에서 탁구 교실과 관현악 교실을 무료로 운영한다는 전도지를 직접 만들기로 했다. 컴퓨터로 작업해서 프린터로 출력한 다음 내용을 오려 그림이 있는 엽서 카드에 붙여서 50장 정도의 전도지를 만들었다.

　겨울 방학이 끝나는 날 나는 전도지를 들고 초등학교 앞으로 전도하러 나갔다. 전도는 월요일부터 토요일까지 매일 나갔다. 내가 택한 전도 방법은 매일 만나는 것이었다. 토요일에는 많은 교회가 학교 앞에 나와서 전도를 했다. 나는 제일 늦게 개척한 교회니 토요일에 내가 할 수 있는 것은 그들 뒤에 서서 그들이 전도하는 것을 지켜보는 것이 다였다.

　누구도 전도하지 않는 월요일에서 금요일까지 학교 앞 전도를 거의 하루도 빠지지 않고 나갔다. 물론 전도지는 50장밖에 만들지 않았기 때문에 전도하면서도 모든 아이들에게 전도지를 나누어 줄 수 없었다. 만나는 아이마다 전도지는 나눠주지 않고 살짝 보여 주기만 하면서 교회에서 무료로 탁구도 가르쳐 주고 바이올린도 가르쳐 준다고 설명만 해주었다.

　매일 전도를 나가서 학생들을 만나다 보니 나를 알아보는 학생들이 생겼다. 그렇게 친해진 아이들에게만 내가 직접 만든 전도지를 주면서 학교 끝나고 교회에 가서 탁구 교실과 바이올린 교실에 참여할 수 있는지 부모님께 허락을 받아오라고 했다. 그렇게 해서 초등학교 2학년 학생들 몇 명이 학교를 마치고 매일 나를 따라서 교회에 오게 되었다.

　교회에서 탁구를 하면서 학생들과 더욱 가까워질 수 있었고 아이들이 교회에서 바이올린을 접하면서 바이올린 배우는 것에 호기심을 가지게 되었다. 그리고 매일 끝나고는 간식을 챙겨 주고 때로는 교회에서

라면도 끓여 주었다. 매일 학교에 나가서 전도하고 만나는 학생들을 교회로 데리고 와서 탁구 교실과 바이올린 교실을 지속해 나갔다. 그렇게 해서 우리 교회는 10명의 초등학교 아이들이 매일 찾아오고 머무는 교회가 되었다.

토요일에 학교 앞 전도를 나가면 주위의 많은 교회가 일제히 전도를 나온다. 그중 몇몇 큰 교회들은 전도하러 나올 때 많은 교사가 나온다. 토요일에는 이들이 전도지와 전도 선물을 들고 교사 수를 앞세워 학교 정문을 차지한다. 시간이 지나도 그럴 땐 여전히 내가 끼어들 자리가 없었다. 어쨌든 여러 교회가 경쟁하듯이 학생들을 전도하는 것이 그리 좋아 보이진 않았다. 그래서 월요일부터 금요일까지는 매일 정문에서 전도하다가도 토요일에는 학교 정문에서 좀 떨어진 곳에서 지켜보기만 하기로 했다.

어느 때부터 학생들이 토요일에 학교 끝나고 나오면서 멀리 서있는 나를 알아보고는 반갑게 달려와 인사하기 시작했다. 그들 손에는 학교에서 나오면서 여러 교회로부터 받은 전도지와 선물로 가득 차있었다. 학생들은 받은 선물들을 나에게 나누어 주기도 했다. 어떤 학생들은 손에 있는 전도지와 선물들을 내게 보여 주면서 하는 말이 자기들이 주일에는 너무 바쁘다는 것이다.

주일 아침에 이 교회 저 교회에서 얼마나 많이 전화가 오는지 모른다며 몇몇은 자신들이 주일에는 인기 있는 스타가 된다고 으쓱대기도 하였다. 어찌 되었든 이 학생들은 토요일에도 우리 교회로 와서 점심으로 끓여 주는 라면을 먹고 탁구를 하며 바이올린을 배우게 되었다.

05

.
.
.

교회학교의 시작

매일 초등학교에 나가서 전도해 보니 초등학교 고학년 학생들을 교회에 데리고 오기가 쉽지 않다는 것을 알게 되었다. 교회에 와도 이들은 교회에서 나의 통제를 잘 따르지 않았다. 그리고 이들은 바이올린을 배우는 일에 별로 흥미를 느끼지 않았기에 이들에게 바이올린을 가르치는 일이 어려웠다. 탁구 교실도 질서 있게 운영이 되지 않았다. 이들이 탁구대를 독차지하다 보니 저학년 학생들이 탁구를 할 기회가 좀처럼 주어지지 않았다. 이들은 이런 일로 교회 안에서 나와 자주 부딪치다 보니 교회에 몇 번 나오다가 그만두게 되었다. 물론 이런 일들도 나의 능력이 부족해서 벌어졌을 것이다.

그럼에도 다행인 것이 초등학교 학생 중에 2학년 학생들이 나를 잘 따르게 되었다. 그래서 나는 매일 초등학교 2학년 수업이 끝날 시간에 맞춰 학교 앞에 전도하러 나가게 되었고 그들을 만나 교회로 데리고 왔다.

학생들이 학교에서 끝나면 교회에 데려와서 간식을 주고 탁구를 가르쳐 주고 바이올린을 가르쳐 줄 뿐만 아니라 아이들이 학원에 갈 시간에 맞춰 학원에 보내 주는 일도 하게 되었다. 아이들과 친해지면서 몇몇은 학원까지 직접 데려다주기도 하였다. 그렇게 되다 보니 아이들의 부모들은 학교 끝나고 아이들을 찾을 때 나에게 전화를 하게 되었다. 우리 교회에 오는 대부분 아이의 부모들은 맞벌이 하는 상황에 있었고 그러다 보니 아이의 부모 입장에서 보면 자기 아이가 학교 끝나고 학원가기 전까지 교회에서 안전하게 시간을 보낼 수 있어서 안심되었을 것이다.

이 일은 결혼하지 않은 전도사로서 내가 할 수 있는 최선의 일이었다. 그리고 목사 안수를 앞두고 이 정도 일은 수고도 아니었다. 나는 평일에 교회에 오는 아이들을 주일에도 교회에 데려와서 어린이 예배를 드리고 싶었다.

부모들이 평일에 안심하고 아이들을 교회에 보내게 되면서 주일에 부모에게 연락을 드리고 집으로 방문해서 아이들을 교회로 데려오는 것이 어렵지 않게 되었다. 대부분의 부모는 본인이 교회에 나가거나 믿지는 않아도 아이들이 주일에 교회에 나가는 것에 대해 반대하지 않았다. 오히려 교회에 가서 예배를 드리고 성경 말씀을 들으면 아이들에게 좋은 것이라 하시며 주일 아침에 연락하거나 찾아가면 아이들을 일찍 깨워주시고 아이들의 등을 떠밀어 교회에 보내 주시기도 하셨다. 그렇게 열 명 정도의 어린이들이 주일에 모이면서 교회학교가 시작되었다.

06
.
.
.
바이올린 선생님

　전도한 학생들을 교회에 데려와서 바이올린을 가르치기가 쉽지 않았다. 시간이 지나니 몇 명의 아이들은 바이올린을 배우기 싫어하는 눈치였다. 그런 아이들에게 바이올린을 가르치려다 보니 아이들과 싸우는 일이 종종 벌어졌다. 아이들을 사랑으로 돌봐야 하는 목회자 역할과 바이올린을 가르치는 교사 역할을 모두 하려니 여간 힘든 일이 아니었다. 이런 일들이 생기게 된 것은 목회자로서 자질도 부족하고 악기를 가르치는 나의 실력도 부족하기 때문이라 생각했다. 그래서 교회에서 학생들에게 악기를 잘 가르쳐줄 수 있는 바이올린 선생님이 필요하다고 생각했다.

　일부 학생들은 거의 매일 교회에 와서 바이올린을 배우다 보니 실력이 눈에 띄게 향상되는 아이들도 있었다. 그 모습을 보면서 아이들 속에 있는 무한한 능력을 다시 깨닫게 되었다. 이렇게 잠재력이 뛰어난 아이들을 실력 없는 내가 가르쳐서는 안 될 것 같았다.

이러한 문제들을 해결하기 위해서는 바이올린을 전공한 선생님을 교회에 모셔 와서 아이들을 지도하게 하는 것이 가장 적합한 해결 방법이라 생각했다. 하지만 작은 교회에서 바이올린 선생님을 모시는 것이 쉽지 않은 일이었다. 우선 우리 교회는 전도된 아이들이어서 아이들에게서 레슨비를 받을 수가 없었다. 학생들에게 레슨비를 받지 않는 상황에서 바이올린 선생님에게 풍족한 레슨비를 드릴 수 있는 교회 형편이 되지 않았다.

우리 교회가 감당할 수 있는 범위 안에서는 레슨 시간을 정하고 선생님을 모시기로 생각했다. 레슨은 주 1회만 하기로 하고 아이들이 가장 많이 올 수 있는 토요일로 정했다. 주 1회 토요일 레슨도 오후 1시부터 2시 30분까지 1시간 30분 레슨이 적합할 것 같았다. 그렇게 되면 1시간 30분 동안에 10명의 아이를 가르쳐야 하는데 학생 한 명이 받는 레슨 시간이 10분을 넘으면 안 되는 상황이었다.

우리 교회가 이렇게 바이올린 레슨을 하려면 정말 믿음이 좋은 바이올린 선생님이 오셔야 했다. 전도를 위한 목적으로 바이올린 교실을 시작한 것이기 때문에 이러한 교회 상황을 잘 이해할 수 있는 선생님이어야 했다. 아이들이 악기를 잘 연주하는 것보다 악기를 통해 교회에 오래 머물고 신앙을 갖게 해주기 위한 목적을 이해할 수 있어야 했다.

음악 학원에서 가르치는 것처럼 실력 향상의 위주로 교회에서 바이올린 교실을 운영하면 아이들이 바이올린을 배우다가 중간에 포기하고 교회를 떠날 수 있는 상황이 발생할 수도 있다. 그리고 대부분 바이올린 전공자들은 본인들도 그렇게 학습을 받아왔기 때문에 교회에서도 실력 위주로 학생들을 가르치려는 속성이 있다. 다행히 우리는 바이올린 교실을 먼저 시작한 어느 교회의 목사님을 통해서 바이올린 선생님을 추천 받아 믿음이 좋은 선생님을 모실 수 있었다. 우리 교회에 오신 선생님도 어렸을 때 작은 교회에서 현악기를 배우기 시작해서 전공까지 하신 분이었다.

작은 교회에서 하는 바이올린 레슨을 잘 이해하고 계셨고 작은 교회에 오는 아이들의 특성까지 고려해서 아이들에게 바이올린을 지도해 주셨다. 아이들이 교회에 와서 바이올린을 배우지 않겠다고 할 때도 부드럽게 대처해서 바이올린 배우는 것을 포기하지 않고 끝까지 배울 수 있도록 하면서 교회에 계속 나올 수 있게 하셨다.

작은 교회에서 목회하는 목회자의 어려움도 잘 헤아려 주셨다. 토요일 바이올린 레슨시간에 아이들이 한 명도 나오지 않는 경우가 종종 있었는데 그럴 때도 발걸음을 되돌리면서 싫은 내색보다는 그로 인해 미안해할 나를 먼저 헤아려 주기도 하였다. 믿음이 좋은 선생님은 후에 전도사님과 결혼하게 되었고 결혼 후에 우리 교회 레슨을 그만두게 되었지만, 우리 교회는 그 후에도 전공한 선생님이 바이올린을 지도하는 교회가 되었다.

바이올린 선생님이 직접 가르치는 교회가 되자 주위의 반응이 좋았다. 목회자가 직접 가르치는 것과 바이올린 선생님이 오셔서 가르치는 것은 정말 달랐다. 바이올린을 지도하는 면에서는 이제 어떤 다른 교회도 부럽지 않았다. 학생들에게 실력과 믿음을 겸비한 바이올린 선생님을 통하여 바이올린을 제대로 배울 수 있는 기회를 줄 수 있어서 매우 행복했다.

07

바이올린 5분 레슨

토요일마다 선생님을 모시고 시작한 바이올린 교실이 어느 정도 자리를 잡았다. 전공한 선생님을 모시고 바이올린 레슨을 하면서 교회의 활동이 바이올린 교실 중심으로 움직이게 되었다. 교회학교 활동 중에서 바이올린을 배우는 것이 최우선이 됐다. 그러면서 모든 교회학교 학생들에게 바이올린을 가르치고 싶었다. 바이올린을 가르쳐서 하나님을 찬양하는 교회학교로 만들고 싶었다. 그런데 모든 아이에게 바이올린을 가르치기는 쉽지 않았다. 악기를 배우고 싶어 하지 않는 학생들도 있었기 때문이다. 그런 아이들을 설득해서 악기를 배우게 하는 일이 내가 해야 하는 일이 됐다. 악기 배우는 것을 싫어하는 학생들에게 악기를 가르치기 위해서 교회 규칙도 정했다. 그것은 교회에 오면 의무적으로 5분 바이올린하기였다.

아이들이 학교 끝나고 매일 교회에 와서 간식을 먹고 놀다가 학원에 가기 전에도 5분 동안은 바이올린을 하도록 했다. 그리고 주일에 교회에 오는 모든 학생에게도 5분 동안 바이올린을 해야 한다고 설득했다. 교회 규칙을 정해 놓고도 5분도 바이올린을 배우기 싫다는 아이들에게 바이올린을 가르치기 위해 매일 씨름하게 되었다. 간식으로 유혹해서 바이올린을 5분 배우게 해 보기도 하고, 또 어떤 아이들에게는 나와 탁구 시합을 해서 나한테 지면 바이올린 5분 배우게도 하고 물론 나를 이기면 간식을 얻을 수 있었다.

더운 여름에는 아이스크림 사먹으라고 5백원을 주면서까지 바이올린을 5분 동안 배우게 했다. 어쩌다 보니 우리 교회는 학생들에게 바이올린을 가르쳐 주면서 레슨비를 받고 가르치는 것이 아니라 오히려 내가 학생들에게 돈을 줘 가며 바이올린을 가르치는 꼴이 되었다. 언젠가는 이들이 악기로 하나님을 찬양하는 날이 올 것이라는 소망을 두고 바이올린 5분 하기를 지속했더니 우리 교회는 교회 학교 학생 100% 오케스트라에 참여하는 교회로 세워져 갔다.

08

.
.
.

예배 반주자

전공자 선생님이 토요일에 오셔서 바이올린 레슨을 시작하면서 아이들의 실력이 나아지는 것이 보였다. 그 모습을 보면서 이 아이들이 악기로 하나님을 찬양하는 사역자로 세우고 싶어졌다. 그래서 토요일에 선생님을 통해 꾸준히 바이올린 레슨을 받는 학생들 중심으로 주일 오전 예배 반주 팀을 결성하였다. 그리고 주일 오전 예배에 부를 찬송가 5곡을 선정해서 바이올린 선생님이 그 곡을 아이들에게 가르치게 하였다. 아이들이 찬송가 5곡을 배우는 것은 그리 어렵지 않았다.

드디어 예배 반주 팀을 주일 오전 대예배 때 앞에 세웠다. 하지만 매 주일 예배 때 부르는 찬송가가 바뀌다 보니 아이들이 매주 바뀌는 곡을 연습하는 일도 쉽지 않았다. 그리고 그때에는 전도해서 한 명이라도 더 예배 반주자로 세우려고 했기 때문에 곡이 매주 바뀌면 늦게 바이올린을 배우기 시작한 아이들은 따라갈 수가 없었다.

교인들과 상의하여, 한 달 동안 예배 때 부르는 찬송가를 바꾸지 않고 사용하기로 하였다. 성도들에게 어떤 유명 가수는 자신의 히트곡을 평생 부르는데 우리도 교회 비전을 위해 똑같은 찬송가 5곡을 한 달 동안 부르지 못할 이유가 없다고 말했다. 그렇게 우리 교회는 예배 찬송가를 바꾸지 않고 아이들을 예배 반주자로 세워나가는 사역을 시작하게 되었다.

　　처음에는 찬송가 악보도 볼 줄 몰라서 찬송가 악보에 계이름과 운지 번호를 적어 주고 예배 반주를 하게 했다. 그렇게 예배 반주를 하면서 차츰 악보 보는 능력도 좋아지고 바이올린 실력도 나아지게 되었다. 매주 예배가 거듭될수록 아이들의 반주 실력이 향상되는 것뿐만 아니라 예배 찬양 반주를 하면서 예배를 꾸준히 드리게 되었고 학생들의 믿음도 자라는 것이었다.

　　학생들의 재능이 하나님께 사용되는 것이 목회자 입장에선 참으로 좋아 보였다. 아이들도 자신들이 예배 반주를 통해 사람들로부터 인정을 받게 되니 예배 반주를 좋아하는 것 같았다. 아이들이 찬양 사역자로 세워지면서 차츰 아이들이 변화되기 시작했다. 아이들을 예배 반주자로 세우면 예배 반주하는 동안에 하나님께서 아이들의 마음에 믿음을 채워주시기 시작했다.

　　학생들이 예배 반주자로 세워지는 과정을 통해서 자연스럽게 예배 때 찬양을 하고 말씀을 듣게 되니 아이들이 변하게 된다는 것을 깨닫게 되었다. 이렇게 믿음으로 변화된 아이들이 자라서 하나님의 일꾼이 되겠다는 생각을 했다. 학생들에게 악기를 가르치고 예배 반주자로 세워서 앞으로 하나님 나라 일꾼들로 만들 수 있다면 이것도 하나의 목회 방향이라고 생각했다. 예수님께서 제자들에게 추수할 것은 많으나 일꾼이 적다고 하셨는데 목회도 하나님 나라 일꾼을 만드는 것이 중요하다.

목회라는 것이 믿지 않는 사람들을 전도해서 구원받게 하고 구원받은 성도들을 예배와 말씀을 통하여 변화되게 하고 이들을 성장시켜 하나님 나라 일꾼 만드는 것이 아닐까 생각한다. 그렇다면 악기를 통해서도 이것이 가능해 보였다. 내가 지금까지 해 왔던 것처럼 악기를 가르쳐주는 것을 통해서 전도가 되었다. 그리고 악기를 가르쳐서 예배 반주자로 세우며 예배자가 되게 하니 예배를 드리면서 말씀을 듣게 되고 변화되는 것을 보게 되었다. 그리고 이렇게 변화된 이들이 교회에서 자기 역할을 하며 교회의 중심이 되어 가는 것을 보게 될 것이다.

이런 우리의 모습이 하나님의 마음에 들었을까. 내가 산곡제일교회에 부임하여 아이들을 전도하며 바이올린을 가르치고 이 아이들을 예배 반주자로 세우는 일을 한 지 5년이 지났을 때 "예배 찬양 사역자 100명을 세우라."는 비전을 가지게 되었다. 그리고 비전에 대한 하나님의 세 번의 응답이 있고 난 뒤에 나는 교회에서 아이들에게 악기 가르치는 일을 목회적 차원에서 전념하기로 하였고 학생들을 예배 반주자로 세우고자 노력하였다.

예배 찬양 사역자 100명 세우라는 비전을 학생들 100명을 예배 반주자로 세우라는 것으로 생각했다. 하나님은 예배 찬양 사역자 100명 세우라는 비전을 주시면서 하나님이 주신 비전을 이룰 수 있는 길도 스스로 열어 가셨다.

09

⋮

첼로 선생님

예전에 첼로, 바이올린 그리고 비올라를 배웠기 때문에 바이올린뿐만 아니라 첼로도 가르치고 비올라도 가르칠 수 있었다. 모든 학생에게 처음에는 바이올린을 가르쳤고 바이올린을 배우던 학생 중에 첼로를 배우고 싶어 하는 학생들에게는 첼로를 가르치게 되었다. 이렇게 첼로를 가르쳐서 예배 때 첼로로 반주하게 되니 바이올린으로만 반주할 때보다 더 좋은 예배 반주가 되었다.

바이올린은 바이올린 선생님이 가르쳤지만, 비올라와 첼로는 내가 가르쳐야 했다. 그런데 첼로를 내가 가르치다 보니 내가 바이올린을 가르칠 때처럼 한계를 느끼게 되었다. 첼로를 배우는 학생들도 첼로를 전공한 선생님께 배워야 할 필요성을 느끼게 되었다. 그런데 첼로 선생님을 구하는 것은 바이올린 선생님을 구하는 것보다 어려웠다. 그래서 나에게 첼로를 가르쳐 주신 최불휘 선생님께 첼로 선생님을 알아봐 달라고 부탁했다. 최불휘 선생님은 자신의 제자 중에서 교회에서 첼로를 가르쳐 줄 만한 사람을 알아봐 주시겠다고 하셨다.

두 달이 되어도 선생님으로부터 아무런 소식이 없었다. 그래서 최불휘 선생님께 다시 연락을 드렸더니 자신의 제자 중에서도 교회에서는 첼로를 레슨하려는 사람이 없다고 하셨다. 우리 교회에서 드리기로 정한 첼로 레슨비가 적어서 우리 교회 레슨을 하지 않으려는 것 같았다. 우리 교회가 첼로 선생님에게 드리려고 하는 레슨비용은 우리 교회에서 바이올린을 레슨하시는 선생님께 드리는 레슨비와 같은 금액으로 정했는데 보통 첼로 레슨은 바이올린 레슨 보다 비용이 더 드는 것 같았다. 하지만 우리 교회 레슨에서 바이올린 선생님과 첼로 선생님의 레슨비를 차이 나게 드리는 것은 옳지 않다고 생각하고 첼로 선생님을 모시는 것을 미루게 되었다.

한 달 후에 최불휘 선생님과 연락이 되었는데 여전히 자신의 제자 중에서는 우리 교회에 첼로 레슨을 하러 갈 사람이 없다는 것이다. 그러면서 선생님 본인이 직접 우리 교회에 레슨을 하러 오시겠다고 말씀하셨다. 나는 제자들도 오지 않는 교회 레슨에 선생님을 모실 수 없어서 망설였다. 그런 나에게 선생님은 자신이 근래에 몇 가지 일들을 경험했는데, 그 일들을 통해서 하나님이 자기를 우리 교회에 보내시려 하는 것 같다고 말씀하셨다. 그리고 앞으로 남은 삶을 하나님을 위해 일 하는 것이 좋지 않겠냐고 하셨다.

우리 교회는 최불휘 선생님을 모시고 주일 오후 레슨을 시작하게 되었다. 바이올린 교실은 토요일에 이루어졌고 첼로 교실은 토요일에 오지 못하는 학생들에게 전공자로부터 레슨을 받을 기회를 주기 위해 주일 점심시간부터 주일 오후 예배 전까지 레슨이 이루어졌다.

최불휘 선생님이 교회에 오심으로 새로운 변화가 일어나기 시작했다. 선생님은 먼저 예배 반주자들을 지도해 주셨다. 실력에 따라 바이올린을 제1 바이올린과 제2 바이올린으로 나누고 비올라와 첼로를 포함하여 합주를 지도해 주셨다. 교회에서 첼로 레슨뿐만 아니라 바이올린과 비올라도 지도해 주시면서 교회 음악의 전반적인 것까지 신경을 써 주셨다.

하나님이 예배 음악 사역자 100명을 세우라는 비전을 주시고 이제 비전을 이룰 수 있도록 최불휘 선생님까지 보내 주신 것이다. 이것은 마치 하나님의 계획 가운데 이미 되기로 작정된 일 같아 보였다.

10
.
.
.

비전의 발전

바이올린 교실을 통해서 전도된 아이들을 예배 반주자로 세우는 것이 우리 교회가 중점을 두고 있는 사역이다. 예배 반주자를 세우기 위해 힘쓰는 가운데 하나님이 예배 찬양 사역자 100명을 세우라는 비전을 주셨다. 비전을 받고 어떻게 100명을 세울지 고민하며 기도하는데, 어른 10명에게 바이올린을 가르쳐서 어른 10명을 예배 찬양 사역자로 세우면 100명의 찬양 사역자를 세울 수 있게 될 것 같았다. 어른 한 명에 아이들 9명씩 10개 팀을 만들면 100명이 될 수 있다는 생각을 했다.

어른들에게도 악기를 가르쳐 보려고 몇 차례 시도하였다. 교회에 성인이라야 10명 정도 되었는데 그나마 젊은 성도는 얼마 되지 않았다. 얼마 안 되는 젊은 성도들도 자녀들이 너무 어려서 악기를 배우고 싶어도 배울 기회를 얻지 못했다. 또 5, 60대 교인들에게 악기를 가르치려 했지만 내 뜻대로 따라와 주지 못했다.

최불휘 선생님이 6개월 정도 우리 교회에서 레슨을 하시면서 본인이 직접 교인들에게 악기를 배울 것을 권면하고 계셨다. 그리고 그해 10월에 바이올린 5명, 비올라 1명, 첼로 1명의 성인 앙상블 찬양 팀을 구성해서 레슨하기 시작했다. 물론 이들은 지금까지 전혀 악기를 배워 보지 못했고 악기조차 만져 보지도 못한 분들이었다. 계이름도 읽지 못했고 음정, 박자조차 이해하지 못하는 분들이었다. 이런 교인들을 모아서 처음 레슨을 시작할 때부터 악기 편성을 나누고 레슨도 현악 앙상블 팀을 이룬 상태로 계속 진행하셨다.

목회의 비전을 이루는 길도 이전의 방법과는 다른 새로운 방향이 제시되었다. 지금까지 나는 예배 찬양 사역자 100명을 세우기 위해 예배 반주자 100명을 만들어야 한다고 생각하고 있었다. 그래서 아이들을 전도해서 악기를 가르쳐서 최대한 빨리 예배 반주 팀에 넣으려 했다. 그런데 이런 방법은 시간이 흐를수록 한계에 부딪히게 되었다. 나중에 악기를 배워 예배 반주 팀에 들어가게 된 학생들과 먼저 악기를 배워 예배 반주를 하는 학생들의 실력 차이가 좁혀지질 않는다는 점이었다.

이러한 실력 차는 갈수록 더 분명하게 드러났고 예배 반주 팀을 운영하는데 그만큼 어려움이 뒤따르게 되었다. 그러다 보니 새로운 학생을 전도해서 악기를 가르쳐 예배 반주자로 세우는 것이 점점 어려워졌고 새로운 예배 반주자를 세우는데도 전보다 더 많은 시간이 걸리게 되었다.

예배 반주자를 세워서 예배 찬양 사역자 100명을 세우려면 새로온 학생들에게 열심히 악기를 가르치면서 먼저 악기를 배운 사람들의 실력이 자라지 못하도록 해야 했다. 정말 우리 교회 교회학교 오케스트라 세우기는 학생들의 실력이 자라지 않는 방향으로 가고 있었다. 바이올린 선생님이 학생들을 가르치고 있었지만, 교회의 방향이 모든 사람을 예배 반주자로 세우는 것이었기 때문에 학생들의 실력이 하향 평준화되고 있었다.

악기 배우는 실력이 평준화 되었다고 해서 새로 악기를 배우는 학생들이 쉽게 예배 반주자로 세워지지 않았다. 시간이 흐르자 새롭게 악기를 배우기 시작하는 학생들도 먼저 악기를 배운 학생들과 실력 차이를 느끼는지 악기를 배워서 선뜻 예배 반주를 하려는 학생이 나오지 않았다. 예배 반주 팀을 운영하는 나의 지도력의 문제와 함께 이런 방향으로는 예배 반주자가 10명을 넘지 못할 것 같았다. 그렇다고 이 문제를 풀 수 있는 다른 방법이 내게는 없었다. 내 실력으로는 예배 찬양 사역자 100명을 세우는 방법으로 예배 반주자를 세우는 것이 최선이 라 생각해 왔다. 그런데 최불휘 선생님이 교회에 오시면서 예배 찬양 사역자 100명을 세우기 위한 문제들이 해결되기 시작했다. 선생님은 나처럼 학생들에게 악기를 가르쳐 예배 반주자로 세우는 것이 아니라 실력이 비슷한 학생들끼리 찬양 팀을 이루게 해 주셨다.

우리 교회는 실력과 연령층을 고려해서 네 개의 앙상블 찬양 팀이 형성되었다. 첫 번째는 예배 반주하는 팀, 두 번째는 성인 팀, 세 번째는 악기를 배운 지 얼마 되지 않은 청소년 팀 그리고 네 번째는 7살부터 초등학교 저학년으로 구성된 팀이 만들어졌다. 그리고 주일 오후에 이루어지는 1시간 30분의 레슨 시간 안에 팀들을 차례대로 레슨을 해주셨다. 그리고 네 팀이 주일 오전 대예배에 한 주씩 돌아가면서 특별 연주로 하나님께 찬양 드릴 수 있도록 지도해 주셨다. 각 팀은 한 달에 한 주는 특별 찬양을 해야 하기에 악기를 배우는 동기가 더욱 뚜렷해지면서 모든 팀이 더 열심히 연습에 참여하였다. 이로써 교회에서 악기를 배우는 모든 성도와 학생들이 하나님을 찬양하는 예배 찬양 사역자가 될 수 있었다. 이렇게 해서 우리 교회는 당장은 예배 반주자가 되지는 않아도 악기로 하나님을 찬양하면서 예배 찬양 사역자가 되는 방향이 열리게 되었다.

어느 날 최불휘 선생님이 나에게 오셔서 이렇게 말씀하셨다.

"목사님 교회 비전 목표가 수정되어야 할 것 같네요"

무슨 말씀인지 몰라 왜 그러시냐고 했더니 예배 찬양 사역자 100명 세우는 목표가 계획보다 빨리 이루어질 것 같다고 하시며 예배 찬양 사역자 세우는 인원 목표를 100명 이상으로 수정해야 할 것 같다며 기도해 보시라는 것이었다. 하나님께서 15년 전에 최불휘 선생님과의 만남을 계획하셨고 교회의 비전을 이루기 위해서 오늘까지 인도하신 하나님께 감사를 드릴 뿐이다.

우리는 첼로 레슨 선생님을 모시고자 했는데 최불휘 선생님이 교회에 오셔서 첼로를 가르치시는 일뿐만 아니라 예배 찬양 사역자 100명 세우는 목회 비전까지 이해하시고 비전을 이루기 위해 최선을 다해서

돕고 계신다. 이것을 볼 때 하나님께서 이루어 가고 계신다는 생각을 할
수밖에 없었다.

Part 03.

목회 비전

01

.
.
.

건강한 교회

많은 사람이 한국 교회의 위기를 이야기한다. 한국 교회의 위기는 한국 교회의 건강에 적신호가 켜졌다는 얘기다. 그러므로 한국 교회가 건강한 교회로 세워지는 것이 한국 교회의 위기를 벗어날 수 있는 길이라 생각한다. 위기의 교회를 건강한 교회로 만들기 위해 한국 교회는 건강한 교회의 기준을 교회 건물의 크기나 성도의 수가 아니라 건강한 교회를 제시할 수 있는 기준을 마련해야 할 것이다. 교회 건물이 크고 교회 성도의 수가 많다고 모두 건강한 교회가 아니다. 반대로 교회 건물이 작고 교회 성도의 수가 적은 교회라 해서 모두 건강하지 않은 것은 아니다.

한국 교회의 위기를 극복하기 위해서 교회 성장 위주에서 건강한 교회 만들기로 방향이 바뀌어야 한다고 생각한다. 물론 나는 큰 교회 담임목사가 아니므로 큰 교회가 건강한 교회로 나아가는 방향에 대해서는 말할 자격이 되지 않는다. 그래서 나는 작지만 건강한 교회를 만드는 이야기를 하려고 한다. 지금까지 우리 교회 오케스트라 세우는 이야기를 했는데 우리 교회 비전을 통해 작지만 건강한 교회를 세우는 이야기를 하고 싶은 것이다.

하나님이 주신 목회 비전이야말로 내가 말하고 싶은 작지만 건강한 교회가 되기 위한 기준을 정하는 핵심이다. 내가 건강한 교회를 말할 수 있는 것도 우리 교회에 예배 찬양 사역자 100명을 세우라는 목회 비전이 있었기 때문이다.

우리 교회가 속한 지방에서 작은 교회의 성장을 돕기 위해 몇 교회가 힘을 합쳐 '비전교회 세미나'를 한 적이 있다. 그때 나는 비전교회 세미나를 통해서 '작지만 건강한 교회 만들기'를 함께 고민했고 그곳에서 우리는 작지만 건강한 교회가 되려는 방법으로 개 교회의 특성화를 세우는 길을 논의하게 되었다.

비전 교회 세미나에 참여하면서 작지만 건강한 교회 만들기에 관심을 갖게 되었고 그곳에서 여러 선배 목사님들을 통해 작지만 건강한 교회가 되기 위한 여러 가지 조언들을 들을 수 있었다. 그리고 이 글을 쓰게 된 것도 비전교회 세미나를 통하여 우리 교회의 상황을 모델로 삼아 작지만 건강한 교회를 제시하기 위해 시작된 것이라 할 수 있다.

특히 나에게 큰 깨달음을 주신 목사님이 계셨다. 그 목사님 말씀 중에 본인 교회 교인들은 큰 교회로 가서 신앙생활을 하라고 말해도 가지 않을 것이라고 하셨다. 그 말씀을 듣고 이것이 바로 작지만 건강한 교회의 증거가 아닐까 생각했다. 나도 작은 교회 목사이지만 어떻게 교인들에게 "큰 교회로 가고 싶으면 가라."고 할 수 있을지, 선배 목사님의 자신감이 부러웠다. 그만큼 그 교회는 작지만 건강한 교회라는 확신이 들었다.

그래서 선배 목사님께 교회와 교인들을 그렇게 만들 수 있는 목회 비결을 물었다. 그 목사님의 대답은 뜻밖에도 간단했다. 목사님의 말씀은 '담임 목사의 비전이 교인들에게 녹아져서 교인들이 그 비전에 따라 움직이는 교회가 되면 그렇게 된다.'는 것이었다.

작지만 건강한 교회를 만드는 목회의 비결치고 해답이 너무나 간단하지 않은가. 그날 집에 돌아와서 선배 목사님의 말씀을 곰곰이 생각해 보았다. 그러고 나서 그 목사님의 대답은 간단했지만, 누구나 쉽게 따라 할 수 없는 엄청난 목회의 깊이가 숨겨져 있다는 것을 느낄 수 있었다. 그 후로 혼자서 그 해답을 곱씹으며 깊은 생각에 잠겼다. 선배 목사님이 말씀하신 건강한 교회가 되기 위한 대답을 둘로 나누어서 정리해 보았다.

첫째는 목회자의 비전이다. 작지만 건강한 교회가 되기 위해서는 교인들을 움직일 수 있는 목회자의 비전이 필요하다.

둘째는 목회자의 능력이다. 목회자의 비전이 교인들에게 녹아져서 그 비전을 위해 교인들을 움직이게 하는 목회자의 능력이 필요하다.

작지만 건강한 교회를 만드는 열쇠는 목회자의 비전과 목회자의

능력이었다. 물론 작지만 건강한 교회가 되기 위한 이러한 목회자의
비전과 능력은 하루아침에 만들어지는 것이 아닐 것이다.

02
.
.
.

목회자의 비전

　목회를 하다 보니 목회에 도움이 되는 세미나가 많이 있다는 것을 알게 되었다. 목회 나오기 전에는 이렇게 세미나가 많은 줄 미처 몰랐다. 목회를 준비할 때 목회를 위한 세미나가 이렇게 많은 줄 알았다면 개척 교회를 하기 위해 그리고 더 좋은 목회자가 되기 위해 준비 할 수 있었을 텐데 말이다.

　하지만 개척 교회를 시작하면서 교회를 크게 성장시킨 목사님들의 비결이 있다는 세미나들을 다녀 보아도 내 목회와 내 교회에 적용할 수 있는 방법을 찾기가 힘들다는 것을 알게 되었다. 그리고 주위에 많은 목사님이 그런 세미나에서 목회 성공 방법을 배워서 교회에 몇 년 적용해 보다가 포기하고 또 다른 목회 방법을 찾고 계신다는 것도 알게 되었다.

　목회 세미나를 통해 아무리 좋다는 방법을 배워도 자신이나 교회에 맞지 않으면 될 리가 없다. 남의 옷이 나에게 맞을 리가 없다.

다른 사람이 입은 옷이 아무리 멋져 보여도 그 옷을 입으려면 그 옷에 내 몸을 맞춰야 한다. 그 옷에 자기를 맞추려면 정말 많은 노력이 필요하다. 남의 옷에 내 몸을 맞추는 것이 과연 몇 명이나 가능할까. 최악의 경우엔 무리하게 남의 옷에 자신을 맞추려다 탈이 나서 더는 목회를 못 할 상황에 부닥칠 수도 있는 것이다.

목회자가 세미나를 통해서 다른 교회 성공의 노하우를 배우고 그것을 억지로 적용 하려는 경우도 있다. 목회자 몸에 맞지도 않은 옷을 교회에 적용하려고 하며 성도들에게 입힐 경우 성도들이 탈이 날 수 있고 그것이 심해지면 교회가 탈이 날 수 있다.

세미나를 통해서 다른 교회의 옷을 입는 것은 매우 신중해야 한다. 먼저 상대의 비전이 자신에게 맞는지를 살펴야 한다. 목회자가 비전을 세울 때는 그 비전이 자기에게 맞는 옷을 입는 것과 같아야 한다. 그래야 목회자의 비전이 교회 교인들을 움직이게 되는 능력으로 나타나게 되고 건강한 교회가 될 수 있다. 건강한 교회를 만들기 위해서는 우선 목회자가 자기에게 맞는 옷을 만들 수 있어야 한다.

어릴 적부터 장래 희망이 목사이면서도 내 목회를 생각하지 못했다. 그리고 신학대학교에 입학해서 목사 안수를 받기까지 목회 준비 기간인 10년 동안 내 옷을 준비하지 못했다. 아니 준비할 생각도 하지 못했다는 것이 솔직한 말이다. 그 후에 개척 교회에 부임해서 목회하려고 했지만 지금 돌이켜보면 그때 나는 내 목회의 옷을 입지 않은 상태로 교인들 앞에 선 부끄러운 목사였다.

내 목회를 준비할 생각도 못했던 부족한 나 조차도 하나님은 준비시키셨고 내가 잘하는 것을 통해서 목회의 비전을 보여주셨다. 그리고 목회자의 비전이 이루어지도록 지혜를 주시고 환경을 열어주시고 돕는 사람을 붙여 주시는 것을 경험했다.

목회자 자신에게 맞는 비전이 중요한 이유이다. 하나님이 목회자의 비전속에서 일하시는 것을 나는 작은 교회 목회를 통해서도 체험할 수 있었다. 그것을 통해 목회자의 비전이 하나님께서 일하시는 교회, 건강한 교회가 되게 하는 원동력이라는 것을 깨닫게 되었다.

주위의 많은 목회 세미나는 목회자가 교회의 비전을 찾는 데 도움을 줄 수 있다. 하지만 나의 경우 목회를 나와서 내가 잘할 수 있는 것에서부터 목회의 비전이 시작되었고 만들어진 것이다. 이같이 하나님은 목회자에게 주신 달란트를 통해서 목회의 비전이 만들어지고 세워지게 하실 수 있다. 그렇다고 목회자의 재능이 모두 목회의 비전과 연결되는 것은 아니다. 그런 면에서 목회의 비전은 목회자의 재능과는 다르게 올 수도 있다.

처음 교회에 부임했을 때 내가 잘할 수 있는 탁구 교실과 바이올린 교실을 시작했다. 처음에 탁구 교실과 바이올린 교실은 교회 비전과는 상관없이 교회에 찾아오는 아이들을 머물게 하기 위해 만들어졌다.

그리고 이 둘은 내가 잘할 수 있는 것이었다. 그런데 목회 과정에서 바이올린 교실은 목회의 비전과 연결되었지만 탁구 교실은 그렇지 못했다.

탁구는 내가 바이올린보다 더 좋아하는 것이었고 탁구는 바이올린보다 교회에 찾아오는 아이들을 교회에 머물게 하는데 더 효과적이었다. 그렇지만 탁구 교실은 교회의 특성화가 되지 못한 것이다. 이는 탁구라는 목회자의 재능을 통해서는 목회적인 비전과 연결되지 못했기 때문이다. 그에 반해 목회자의 또 다른 재능에서 시작되었던 바이올린 교실은 예배 찬양 사역자를 세우라는 목회의 비전과 연결되면서 교회학교 오케스트라 세우기라는 교회 특성화로 자라나게 되었다.

목회자의 모든 재능이 교회 특성화가 되는 것은 아니지만, 목회자 자신이 잘할 수 있는 것 중에서 목회 비전을 발견할 수 있을 것이다. 그리고 자신이 잘하는 것에서 목회 비전이 세워진다면 그것이 목회자에게 가장 잘 맞는 옷이 될 것이고 교회에 그 비전을 적용할 때 교회에 적합한 특성화로 발전될 수 있을 것이다. 그렇게 만들어진 특성화 속에서 목회자의 비전을 이루기 위해 교인들을 움직이는 능력도 더 자연스럽게 나올 수 있을 것이다.

특히 작은 교회라면 교회가 건강한 교회가 되기 위해 교회의 특성화를 만드는 과정에서 목회자가 먼저 하나님이 주신 달란트와 그 속에서 목회의 비전을 발견할 수 있어야 한다. 이것이 목회를 준비하는 과정에서 필요하다.

03

·
·
·

목회자의 능력

목회자가 비전을 발견한다는 것은 작지만 건강한 교회로 가는 첫걸음이다. 목회자에게 비전이 있다는 것은 비전을 주시고 비전을 이루시기 위해 준비하시는 하나님을 만났다는 의미이다. 그러니 비전을 가진 목회자는 힘이 있고 건강해 보인다.

하지만 목회자가 비전을 가지고 있다는 것과 목회자의 비전을 성도들 속에 녹아지게 하고 그들을 통하여 비전이 성취되게 하는 목회자의 능력하고는 별개의 문제라 생각된다. 목회자의 재능에 목회 비전이 더해졌다고 해도 그 비전을 이룰 능력도 갖춰지는 것은 아니다. 나도 바이올린 교실이 예배 찬양 사역자를 세우라는 목회자의 비전으로 연결되었지만, 예배 찬양 사역자 100명을 세우는 과정에서 목회 비전을 이루는 데 많은 어려움을 겪었으며 그로 인해 나의 목회 능력은 시험을 당해야 했다.

작은 교회는 목회자의 재능이 교회의 프로그램으로 연결된다. 나의 바이올린 경험에서 교회의 바이올린 교실이라는 프로그램이 만들어졌듯이 말이다. 여기까지는 그리 어렵지 않게 교회에서 실행할 수 있는 단계이다.

그 다음 단계가 프로그램에 목회의 비전을 불어 넣는 것이다. 나는 바이올린 교실이라는 교회 프로그램에 예배 찬양 사역자 100명을 세우자는 목회 비전을 불어 넣었다. 그런데 이 단계에서 나는 많은 어려움을 겪어야 했다. 왜냐하면, 목회 비전을 프로그램에 불어 넣을 때 교회 성도들이 목회자의 비전에 따르고 움직여 주어야 하기 때문이다. 아무리 좋은 프로그램에 훌륭한 목회자의 비전이 더해져도 성도들이 따라주고 움직여주지 않는다면 그 비전은 이루어지기가 쉽지 않을 것이다.

프로그램에 목회자의 비전을 불어넣을 때 꼭 거쳐야 할 단계가 있다. 그것은 바로 목회자의 목회 철학이다. 나는 목회자 재능이 목회자의 비전과 연결되어 교회의 성도들을 움직이는 단계에서 목회자의 목회 철학이 필요하다는 것을 깨닫게 되었다. 목회자의 비전에 목회 철학이 담기는 것과 그렇지 않은 것은 교인들을 움직이는 데 큰 차이가 있다는 것을 알아야 한다. 목회자의 비전에 목회 철학이 담길 때 성도들이 강요가 아닌 자발적으로 목회자의 비전에 따르고 움직이게 되는 것이다.

교회의 특성화 과정에서 목회자의 철학이 정립되고 그렇게 정립된 목회 철학이 목회자의 비전에 녹아지면 교인들을 움직일 때 교회의 비전이 생겨난다. 목회자의 비전이 교회의 비전으로 발전되어지는 것이다. 목회자의 비전이 교회의 비전으로 발전되는 것이 교회 특성화에서 반드시 거쳐야할 단계이다. 그리고 목회자의 비전이 교회의 비전으로 발전되었을 때 교회 프로그램들이 더욱 활기를 띠고 살아 움직이듯 하게 된다.

목회자가 자신의 목회 철학의 정립을 통하여 목회자의 비전을 교회의 비전으로 발전시키는 것이 교회 특성화로 나아가는 데 있어 서 매우 중요한 부분이다. 나는 지금까지 비전에 관해 이야기하면서 '목회 비전'과 '교회 비전'이라는 말을 구분해서 사용하려고 신경을 썼다. 이는 목사의 재능과 목회의 비전이 다른 것 같이 목회의 비전과 교회의 비전이 또한 다르다는 것을 설명하기 위해서였다.

목회자의 비전이 교회의 비전이 되는 것은 목회 비전에 대한 목회 철학이 정립된 후에야 나타나는 것이다. 그리고 이렇게 목회자의 비전이 교회의 비전이 될때 나타나는 목회자의 능력은 교회 안에서 일어나는 여러가지 문제를 해결하게 되고 교회 안의 여러 목회 사역들을 통합하게 된다. 비전을 통하여 이런 통합 목회까지 이루어질 때 어느 교회나 건강한 교회가 될 수 있다고 본다. 이것이 교회 특성화이다.

우리 교회는 목회자의 재능을 통해 시작된 바이올린 교실이 예배 찬양 사역자를 세우라는 목회자의 비전을 가져다 주었다. 목회 비전을 세운 후에 목회 철학이 정립되는 과정을 겪었다. 예배 찬양 사역자를 세우자는 목회 비전에 목회 철학이 더해지니 '하나님 나라 일꾼을 세우자'는 교회 비전으로 발전하게 되었다.

교회 학교에서 예배 찬양 사역자 100명 세우는 목회 비전이 우리 다음 세대 하나님의 일꾼 100명을 세우자는 교회 비전으로 발전하게 된 것이다. 하나님의 일꾼을 세우는것이 교회의 비전이 되니 교회의 바이올린 교실과 목회 비전이 더욱 활발히 이루어졌다. 그로인해 교회 학교 학생 100%가 오케스트라로 세워졌고 교회 특성화 사역을 이루는 결과를 낳게 되었다. 그리고 교회 비전은 점차 교회 학생들뿐만이 아니라 성도들까지 오케스트라에 참여하게 하는 힘이 되었다.

04

목회 철학 1 - 사울

    우리 교회에서 바이올린 교실을 5년 정도 운영했을 때 예배 찬양 사역자 100명 세우는 목회 비전을 가지게 되었다. 그리고 그 후로 목회 비전을 위해 기도하면서 목회 철학을 세워 나갔다. 목회철학은 교회 특성화 작업에서 매우 중요한 부분이기에 여기서 따로 목회 철학 정립하는데 도움을 준 말씀들을 소개할까 한다.

    사무엘상 10장 5절 - 13절

    5. 그 후에 네가 하나님의 산에 이르리니 그곳에는 블레셋 사람들의 영문이 있느니라 네가 그리로 가서 그 성읍으로 들어갈 때 선지자의 무리가 산당에서부터 비파와 소고와 저와 수금을 앞세우고 예언하며 내려오는 것을 만날 것이요

6. 네게는 여호와의 영이 크게 임하리니 너도 그들과 함께 예언하고 변하여 새 삶이 되리라

7. 이 징조가 네게 임하거든 너는 기회를 따라 행하라 하나님이 너와 함께 하시느니라

8. 너는 나보다 앞서 길갈로 내려가라 내가 네게로 내려가서 번제와 화목제를 드리리니 내가 네게 가서 네가 행할 것을 가르칠 때까지 칠 일 동안 기다리라

9. 그가 사무엘에게서 떠나려고 몸을 돌이킬 때에 하나님이 새 마음을 주셨고 그 날 그 징조도 다 응하니라

10. 그들이 산에 이를 때에 선지자의 무리가 그를 영접하고 하나님의 영이 사울에게 크게 임하므로 그가 그들 중에서 예언을 하니

11. 전에 사울을 알던 모든 사람들이 사울이 선지자들과 함께 예언함을 보고 서로 이르되 기스의 아들에게 무슨 일이 일어났느냐 사울도 선지자들 중에 있느냐 하고

12. 그 곳의 어떤 사람은 말하여 이르되 그들의 아버지가 누구냐 한지라 그러므로 속담이 되어 이르되 사울도 선지자 중에 있느냐 하더라.

13. 사울이 예언하기를 마치고 산당으로 가니라

이스라엘 주위의 나라들은 왕의 통치하에 강력한 힘을 가지고 이스라엘을 항상 위협하였기에 이스라엘도 왕을 세워 국력을 강화하고자 하였다. 그래서 이스라엘 백성은 사무엘에게 왕을 세울 것을 요구하였다. 사무엘은 왕을 세우는 것을 기뻐하지 않았지만 결국 이스라엘 백성의 요구를 들어주게 된다.

위의 말씀은 사울이 이스라엘의 첫 번째 왕으로 선택되어 준비되는 과정을 설명하고 있다. 하나님의 백성인 이스라엘의 왕이 되는 것이니 아무런 과정 없이 왕이 될 수는 없는 것이다. 하나님이 사울을 이스라엘의 왕으로 만들기 위해 사무엘을 만나게 하신다.

사울이 왕으로 기름 부음을 받기 전에 사무엘을 만나 블레셋 사람들의 영문이 있는 하나님의 산으로 가게 된다. 사무엘은 사울을 보내면서 사울이 산에 이를 때 비파와 소고와 저와 수금을 앞세우고 예언하며 내려오는 무리를 만나게 될 것이고 그때 그에게 여호와의 영이 크게 임하고 그들과 함께 예언을 하고 변하여 새사람이 될 것이라 하였다.

사울이 몸을 돌이킬 때 하나님이 새 마음을 주시고 그 날에 그 징조도 다 이루어진다.

이 말씀을 통하여 교회의 신앙 교육은 사울과 같은 사람을 변하여 새사람이 되게 하여 왕으로 세우는 것으로 생각했다. 사울이 하나님으로부터 왕의 사명을 받고 그 사명을 감당하기 위해서는 변하여 새사람이 되어야 했다.

사울이 변하는 과정을 보면 하나님의 산에서 비파와 소고와 저와 수금을 앞세우고 예언하며 내려오는 무리가 큰 역할을 하게 된다. 이들은 선지자의 무리인데 찬양하는 선지자들이었다. 나는 이 말씀을 읽으면서 이 당시에 비파와 소고와 저와 수금으로 찬양하는 선지자들의 무리가 있었다는 사실에 놀라게 되었다.

물론 위의 악기들이 어떤 형태의 악기들이었는지는 잘 모른다. 그리고 악기들로 어떤 형태의 찬양을 드렸는지도 알 수 없다. 하지만 교회에서 여러 종류의 현악기를 가르치고 있는 나에게는 찬양하는 선지자의 무리가 마치 오케스트라와 같이 느껴졌다.

사울이 하나님의 산에서 만난 찬양하는 이들이 오늘날 교회에서 하나님을 악기로 찬양하는 예배 찬양사역자들이라 생각했다. 그리고 예배 찬양 사역자를 세우는 목회 비전을 이루는데 우리교회 예배 찬양 사역자들을 사울이 하나님의 산에서 만난 찬양하는 무리처럼 되게 해야겠다고 생각하게 되었다. 교회마다 이런 찬양단이 세워진다면 교회 안에서 찬양하는 이들을 통하여 사울에게 임했던 것처럼 성령이 크게 임하는 역사를 경험하게 될 것으로 생각한다.

사울을 변화시켜 새 사람으로 만드시는 분은 하나님의 영이셨다. 그분이 예언하게 하셨고 사울을 변화시켜 새사람이 되게 하셨다. 하나님은 하나님의 영으로 사울을 새사람이 되게 하셔서 왕으로 세울 준비를 하셨다. 우리도 하나님의 영이 임하면 새 사람이 될 수 있다. 바이올린 교실을 통해서 예배 찬양 사역자로 세워서 악기로 하나님을 찬양할 때 사울에게 임한 하나님의 영이 예배 찬양 사역자들에게 임하여 그들이 먼저 새 사람으로 변화되게 하는 것이 비전의 목표가 된다. 먼저 찬양하는 자가 하나님의 영에 의해 새 사람으로 변화되어야 다른 사람들을 하나님의 영으로 감동하게 하는 찬양 연주자들이 될 수 있다. 그래서 이들의 찬양을 듣는 사람들도 다함께 하나님의 영에 감동되어 새 사람으로 변화될 것이다. 이것이 예배 찬양 사역자 100명을 세우는 목회 비전에 대한 목회 철학으로 정립 되었다.

사울이 찬양하는 무리를 만났을 때 여호와의 영이 크게 임하고 그들과 함께 예언하게 되었다. 예언이라는 것이 무엇인가? 교회 안에서 예언의 문제는 조심스럽다. 미래의 일을 말하는 것으로 이해할 수도 있고, 하나님의 약속 성취를 선포하는 것으로 이해할 수도 있다. 사울이 찬양하는 선지자의 무리를 만났을 때 그들은 찬양뿐만 아니라 예언을 하고 있었다. 그리고 사울이 그들을 만났을 때 하나님의 영이 크게 임하므로 사울도 그들 중에서 예언하게 되었다.

사울은 찬양하며 예언하는 무리 가운데서 무슨 예언을 한 것일까. 교회에서 성도들에 예언을 가르칠 때 일반적으로 예언은 하나님의 말씀대로 이루어질 것을 선포하는 것이라 한다. 교회 안에서 말하는 예언은 크게 성경의 말씀에서 벗어나지 않는다.

디모데후서 3장 16절, 17절.

"모든 성경은 하나님의 감동으로 된 것으로 교훈과 책망과 바르게 함과 의로 교육하기에 유익하니 이는 하나님의 사람으로 온전하게 하며 모든 선한 일을 행할 능력을 갖추게 하려 함이라"

우리가 교회 오케스트라를 통해 이루고자 하는 신앙 교육은 사울과 같이 찬양을 통해 성령의 감동을 크게 받고 예언을 하며 변하여 새사람이 되게 하는 데 있다. 그러므로 사울이 예언하였다는 것을 성경의 하나님의 말씀으로 이해하여도 크게 무리가 없어 보인다. 위의 디모데후서 말씀에서 보듯이 하나님의 말씀은 하나님의 사람으로 온전하게 한다. 즉 변하여 새사람이 되게 한다. 하나님의 말씀은 사람을 변화시켜 새사람이 되게 한다.

예수님께서 요한 복음 14장 26절에 이렇게 말씀하셨다.

"보혜사 곧 아버지께서 내 이름으로 보내실 성령 그가 너희에게 모든 것을 가르치고 내가 너희에게 말한 모든 것을 생각나게 하리라."

성령과 말씀은 서로 연관이 되어 있다. 성령이 임하면 말씀을 생각나게 하신다. 하나님께서 성령과 말씀을 통하여 사람을 변화시켜 새사람이 되게 하신다. 성령의 감동을 받는 것과 말씀에 순종하는 것이 따로 이루어지는 것이 아니다.

우리가 주일에 예배를 드릴 때 성경 말씀을 봉독하고 성가대의 찬양을 들은 후에 설교를 듣는다. 설교 전에 성가대의 찬양을 듣는 것도 이와 연관이 있다고 본다. 찬양을 통하여 성령으로 크게 감동이 되고 하나님의 말씀을 듣고 순종하는 결단을 통하여 사람이 변화되어 새사람이 된다.

우리 교회는 교회학교 학생들을 100% 예배 찬양 사역자로 세우는 비전이 교회 신앙 교육이 된다. 교회에서 학생들이 악기를 배우면 찬양을 하게 된다. 찬양하게 되면 성령의 임재를 느끼고 성령의 감동을 받게 된다. 그리고 악기를 배워서 찬양하게 되면 결국 예배를 드리게 된다. 예배를 드리면서 자연스럽게 하나님의 말씀을 듣게 된다. 성령은 하나님의 말씀을 들을 때 깨닫게 하시고 말씀에 결단하게 하시고 순종하여 말씀대로 살게 하신다. 그래서 목회 비전이 예배 찬양 사역자를 세우는 것이다. 결국, 예배 찬양 사역자를 세우는 목회 비전은 성령과 말씀을 통하여 학생들을 변화시켜 새사람이 되게하여 하나님의 일꾼을 만드는 교회의 비전이며 교회 신앙 교육인 것이다.

05

목회 철학 2 - 다윗

어디 사울뿐인가. 하나님이 사무엘을 통해 이스라엘의 두 번째 왕을 선택하실 때도 그 많고 많은 사람들 중에 양을 치던 목동 다윗을 선택하시지 않았는가. 왜 다윗인가?

사무엘상 16장 6절 -13절.

6. 그들이 오매 사무엘이 엘리압을 보고 마음에 이르기를 여호와의 기름 부으실 자가 과연 주님 앞에 있도다 하였더니

7. 여호와께서 사무엘에게 이르시되 그의 용모와 키를 보지 말라 내가 이미 그를 버렸노라 내가 보는 것은 사람과 같지 아니하니 사람은 외모를 보거니와 나 여호와는 중심을 보느니라 하시더라

8. 이새가 아비나답을 불러 사무엘 앞을 지나가게 하매 사무엘이

이르되 이도 여호와께서 택하지 아니하셨느니라 하니

9. 이새가 삼마로 지나게 하매 사무엘이 이르되 이도 여호와께서 택하지 아니하셨느니라 하니라

10. 이새가 그의 아들 일곱을 다 사무엘 앞으로 지나가게 하나 사무엘이 이새에게 이르되 여호와께서 이들을 택하지 아니하셨느니라 하고

11. 또 사무엘이 이새에게 이르되 네 아들이 다 여기 있느냐 이새가 이르되 아직 막내가 남았는데 그는 양을 지키나이다. 사무엘이 이새에게 이르되 사람을 보내어 그를 데려오라 그가 여기 오기까지는 우리가 식사 자리에 앉지 아니하겠노라

12. 이에 사람을 보내어 그를 데려오매 그의 빛이 붉고 눈이 빼어나고 얼굴이 아름답더라 여호와께서 이르시되 이가 그니 일어나 기름을 부으라 하시는지라

13. 사무엘이 기름 뿔 병을 가져다가 그의 형제 중에서 그에게 부었더니 이날 이후로 다윗이 여호와의 영에게 크게 감동되니라 사무엘이 떠나서 라마로 가니라

다윗이 왕이 되는 과정을 볼 때 다윗은 사울처럼 찬양하는 예언자들을 만나 변화되는 과정을 겪지 않았다. 다만 다윗은 악기를 직접 능숙하게 다루는 찬양자였던 것으로 보인다. 그는 목동 시절 양을 치면서 악기를

배웠던 것 같다.

사무엘상 16장 14절부터 보면 다윗이 왕으로 기름 부음을 받고 사울에게 악신이 들린다. 신하들은 악신이 든 사울 왕을 위하여 수금을 잘 타는 사람을 찾게 된다. 소년 중에 한 사람이 다윗을 추천하였고 신하들이 다윗을 데려오게 된다. 성경은 하나님이 부리시는 악령이 사울에게 임할 때에 다윗이 수금을 들고 와서 손으로 탄즉 사울이 상쾌하여 낫고 악령이 그에게서 떠나더라 하였다.

다윗은 왕으로 기름 부음 받기 전에 악기를 배웠고 그것도 능숙하게 악기를 다룰 수 있는 실력을 갖추고 있었다. 그리고 다윗은 악기로 하나님을 찬양하였을 것이다. 하나님의 악령이 사울에게 임할 때 다윗이 악기로 연주하면 악령이 그에게서 떠나갔기 때문이다. 하나님을 찬양하는 소리가 하나님의 악령을 떠나게 하는 능력으로 나타난다고 보는 것이다. 그렇다고 할 때 다윗이 왕으로 기름 부음을 받기 전에 악기로 찬양하였고 찬양을 통하여 새사람이 되었다고 본다.

사무엘상 16장 7절에 하나님은 사무엘을 통하여 기름 부을 왕을 찾을 때 사람의 용모와 키를 보시지 않고 중심을 보신다고 하셨다. 하나님이 다윗의 중심을 보신 것이 아니겠는가. 하나님이 다윗의 중심을 보시고 사무엘을 통하여 왕으로 기름을 부었다는 것은 이미 다윗의 중심이 변하여 새사람이 되었음을 짐작케 한다. 사무엘이 이런 다윗에게 기름을 부으니 다윗이 이날 이후로 하나님의 영에게 크게 감동되었다. (삼상 16:13).

사울과는 다르게 다윗은 찬양하는 자였다. 하나님은 왜 두 번째 이스라엘의 왕을 세울 때는 찬양하는 자를 택했을까. 첫 번째 왕으로 택함을 받은 사울은 하나님으로부터 버림을 받는다. 그리고 두 번째 왕을 세울 때는 찬양하는 자 가운데서 다윗을 택했다. 사울과 다윗이 왕으로 세워질 때의 차이는 사울은 악기로 찬양하는 선지자들의 찬양을 들었던 자였고 다윗은 악기로 하나님을 찬양하는 자였다는 점이다.

예배 찬양 사역자를 세우는 목회 비전이 교회 신앙 교육이 될 수 있는 이유가 사울이 왕으로 세움을 받을 때보다 다윗에게서 더 분명하게 드러난다. 악기로 직접 하나님을 찬양하는 사람은 다윗처럼 그 중심이 하나님 보시기에 합당한 마음으로 변화될 것이라 보고 있다. 사울처럼 찬양하는 무리의 찬양을 듣고 뜨거운 찬양 경험과 성령의 큰 체험과 예언을 통하여 한번에 변하여 새사람이 되어 왕이 될 수도 있다. 하지만 그것보다 다윗처럼 꾸준히 하나님을 찬양하면서 그 중심이 하나님 보시기에 합한 사람으로 변화 되어 왕이 된다면 끝까지 하나님 보시기에 합한 하나님의 일꾼이 될 것이라 본다.

현악기는 오래 배워야 하는 악기다. 짧은 시간에 좋은 소리를 낼 수 없다. 신앙도 이와 같다. 꾸준히 신앙생활을 하면서 예수님의 인품을 닮아 갈 때 좋은 성도가 될 수 있다. 그런 면에서 현악기를 꾸준히 배우는 것은 꾸준히 신앙생활을 하는 것과 같다. 악기를 배워 좋은 소리를 내려고 힘쓰는 것은 예수님을 믿고 예수님을 닮기 위해 힘쓰는 신앙의 배움과 연결된다. 교회에서 악기로 꾸준히 하나님을 찬양하면서 그들이 하나님의 마음을 닮아 가는 것이 예배 찬양 사역자를 세우는 비전이다.

다시 사무엘상 16장 13절 말씀을 보자.

13. 사무엘이 기름 뿔 병을 가져다가 그의 형제 중에서 그에게 부었더니 이날 이후로 다윗이 여호와의 영에게 크게 감동되니라 사무엘이 떠나서 라마로 가니라

사울이 왕으로 기름 부음을 받는 과정에서 하나님의 영이 사울에게 임하자 그는 예언하였다. 그런데 다윗에게는 하나님의 영이 임하고 예언을 하였다는 내용이 없다. 다윗이 왕으로 기름 부음을 받을 때는 사울이 되는 과정에서 나타난 예언이라는 부분이 언급되어 있지 않다. 앞에서 사울의 예언을 성경에 하나님의 말씀으로 이해하고 예배 찬양 사역자를 세우는 비전에서 하나님의 말씀 듣는 것을 중요하게 여긴다. 말씀을 듣고 변하여 새사람이 되어야 교회 비전인 하나님 나라 일꾼이 될 수 있는 것이다. 그런데 다윗에게서 예언의 부분 즉 하나님의 말씀에 대한 부분을 설명할 수 없다.

목회 비전을 이루기 위해서는 다윗을 통해서 찬양과 말씀을 연결해야 했다. 그래서 사울이 왕으로 기름 부음을 받는 말씀을 통해서 정립했던 찬양 – 성령 – 말씀 – 변화 – 새 사람 – 하나님의 일꾼이라는 목회 철학을 재정립하는것이 필요 했다. 다윗을 통해서 목회 철학을 재정립하게 된다면 목회 비전을 성도들에게 더 잘 녹아들게 하는 목회능력으로 나타날 것이라고 생각했다.

그러던 중에 음악을 전공한 목사님을 통해서 오케스트라의 찬양에

는 가사가 없으므로 오히려 성령의 감동을 더 크게 받을 수 있다는 말씀을 듣게 되었다. 나는 학생부 때부터 교회 성가대에서 오랫동안 봉사하였기에 성가대 찬양에서 가사 전달이 중요하다는 것을 알고 있다. 성가대 찬양은 가사의 정확한 전달을 통해서 성도들에게 큰 은혜를 준다. 그런데 오케스트라의 찬양으로는 가사 전달이 불가능하다. 성가대에 익숙해져 있었던 나는 악기로 찬양해서는 가사 전달이 될 수 없다는 점이 오케스트라의 한계로 생각했었다. 그래서 오케스트라에서 내가 접해 보지 못했던 곡을 연주할 때에는 매우 불편함을 느꼈다. 내가 모르는 곡이었기 때문에 악기로 연주하고 들으면서도 무슨 뜻인지 이해할 수 없었다.

오케스트라 찬양에 가사가 없는 것이 오히려 가사의 뜻에 영향을 받지 않고 성령의 감동을 통해 성령이 말하게 하심을 들을 수 있는 방법이라는 것을 깨닫게 되었다. 그로인하여 오케스트라 찬양을 들으면서 그 찬양이 주는 정확한 메시지를 들을 수 있어야 한다는 생각에서 벗어나게 되었다. 오케스트라의 찬양을 들으면서 성령께서 성도마다 다르게 주시는 말씀을 들을 수도 있다. 어떻게 보면 나보다 나를 더 잘 아시는 성령님으로부터 나에게 필요한 말씀을 직접 듣게 되는 것이다.

다윗은 사울처럼 예언하지는 않았지만, 시편에 보면 다윗의 시라고 기록된 말씀들이 많이 있다. 이것은 다윗이 찬양하면서 성령을 통해 말씀을 받았다는 것을 보여준다. 따라서 다윗이 악기로 하나님을 찬양하는 목동 시절에도 찬양을 통해 성령으로 감동되고 그에게 들려지는 하나님의 말씀으로 인도되는 삶을 살았을 것이다. 그가 블레셋 사람 골리앗과 싸우러 나갈 때 사무엘상 17장 45절에 이렇게 말했다.

"다윗이 블레셋 사람에게 이르되 너는 칼과 창과 단창으로 내게 나아오거니와 나는 만군의 여호와의 이름 곧 네가 모욕하는 이스라엘 군대의 하나님의 이름으로 네게 나아가노라."

다윗은 블레셋의 전사 골리앗과 싸우러 나갈 때도 두려워하지 않았다. 그는 목동 시절 양을 지킬 때에도 사자와 곰도 두려워하지 않는 소년이었다.

사무엘상 17장 33절 - 37절

33. 사울이 다윗에게 이르되 네가 가서 저 블레셋 사람과 싸울 수 없으리니 너는 소년이요 그는 어려서부터 용사임이니라

34. 다윗이 사울에게 말하되 주의 종이 아버지의 양을 지킬 때에 사자나 곰이 와서 양 떼에서 새끼를 물어가면
35. 내가 따라가서 그것을 치고 그 입에서 새끼를 건져내었고 그것이 일어나 나를 해하고자 하면 내가 그 수염을 잡고 그것을 쳐죽였나이다

36. 주의 종이 사자와 곰도 쳤은즉 살아 계시는 하나님의 군대를 모욕한 이 할례 받지 않은 블레셋 사람이리이까 그가 그 짐승의 하나와 같이 되리이다.

37. 또 다윗이 이르되 여호와께서 나를 사자의 발톱과 곰의 발톱에서 건져내셨은즉 나를 이 블레셋 사람의 손에서도 건져내시리이다 사울이 다윗에게 이르되 가라 여호와께서 너와 함께 계시기를 원하노라

다윗이 왕으로 기름 부음을 받고 골리앗과 싸우러 나갈 때 그는 목동 시절 아버지의 양을 지키면서 경험했던 하나님의 능력을 떠올렸다. 그는 기름 부음을 받기 전에 이미 사자와 곰을 치고 그 입에서 새끼 양을 건져내는 담대함이 있었다.

다윗은 삶 속에서 말씀이신 하나님을 만났고 하나님과 함께 가는 삶을 살았다. 다윗은 찬양하면서 성령을 받고 말씀이신 하나님을 붙들고 살았을 때 하나님의 인도하심을 받았고 그에게서 하나님의 능력이 나타났던 것을 볼 수 있다.

나는 이제 오케스트라의 찬양을 들을 때 그 찬양의 제목이 무엇인지 애써 기억해 내려고 하지 않는다. 그리고 찬양을 들으면서 가사를 떠올리기 보다는 찬양을 통해서 성령께서 주시는 감동을 받고자 한다. 그럴 때 대부분 성령이 들려주시는 음성은 이미 우리에게 주어진 성경 66권에 기록된 말씀들이 떠오르게 된다. 오케스트라 찬양을 들으며 떠오른 말씀은 성령의 감동으로 된 것으로 더 크게 마음을 울리고 은혜가 된다.

오케스트라의 찬양을 들을 때 성령께서 주시는 메시지를 항상 듣는

것은 아니다. 사울이 악령에 들었을 때 다윗이 수금을 들고 와서 손으로 탈 때 사울이 상쾌하여 낫고 악령이 그에게서 떠나갔다. 오케스트라의 찬양을 통해서 성령의 메시지를 듣지 못할 때도 마음이 상쾌해지는 것을 느낀다. 이것도 찬양을 통해서 성령이 우리에게 주시는 회복의 은혜이다.

성경 66권의 하나님의 말씀이 우리 손에 쥐어져 있는 오늘날에는 교회 오케스트라 찬양을 통하여 성령께서 우리에게 얼마나 말씀하시기 좋으시겠는가 생각해 보라. 오케스트라 찬양을 듣고 설교를 통하여 하나님의 말씀을 들을 수 있으니 하나님께서 우리를 새 사람으로 변화시켜 주실 것이다.

다윗을 통해서도 찬양- 성령- 말씀 - 변화 - 새 사람이라는 목회 철학을 확인하게 되었다. 이것은 예배 찬양 사역자 100명을 세우라는 목회 비전을 실행하는 데 큰 힘이 되었다. 이로 인해 목회 철학의 정립은 성도를 움직이는 목회자의 능력이 됨을 경험하게 되었다.

06
.
.
.

하나님의 일꾼

사울과 다윗을 통해서 찬양 - 성령 - 말씀 - 변화 - 새 사람이라는 목회 철학을 정립하게 되었다. 이것은 하나님이 사울과 다윗을 왕으로 세우시기 위한 방법으로 이스라엘의 왕이 되려면 새사람이 되어야 한다는 것이다. 하나님은 사울과 다윗을 왕으로 세우기 위해 찬양이라는 도구를 사용하셨다. 그리고 이들을 새 사람으로 만들어 왕이 되게 하셨다.

사울과 다윗을 왕으로 세우기에 앞서 하나님은 왜 그들을 새 사람으로 만드셨을까. 하나님에게 있어서 왕은 사명을 맡은 자이다. 사명을 맡은 자에게 구할 것은 충성이라 하였다. 왕이 비록 사명을 받은 자라 할지라도 하나님께 쉽게 충성할 수 있는 자가 아니라는 것을 하나님은 누구보다 잘 아셨다. 그러니 왕의 사명을 맡을 자를 선택할 때에는 그에 따른 준비가 필요했다. 그것은 왕의 사명을 맡아 하나님께 충성할 수 있는 사람이 되게 하려고 성령과 말씀으로 변화시켜 새

사람을 만드는 것이었다.

이 세상 교육의 가치관은 왕이 되고자 하는 데 있다. 더 높은 자리로 올라가려고 서로 경쟁하려고 한다. 그러나 세상의 왕은 하나 일 수밖에 없다. 그래서 세상의 경쟁은 더욱 치열하다. 좋은 대학과 좋은 직장에 들어가려고 경쟁하는 것도 세상에서는 그것이 왕의 자리에 더 빨리 올라가는 확실한 길이기 때문이다.

하나님의 나라에서는 모두가 왕이 될 수 있다. 왕은 사명을 받은 자이기 때문이다. 하나님 나라에서는 누구나 하나님의 사명을 받으면 그 사람은 왕이 된다. 하나님을 찬양하는 자는 성령의 임재를 경험하고 말씀으로 새롭게 될 때 하나님으로부터 사명을 받게 된다. 그리고 그때부터 하나님의 사명을 수행하는 왕으로서 살아가게 된다.

하나님에게 있어서 왕은 하나님의 사명을 맡은 자이다. 하나님으로부터 사명을 맡은 자는 하나님의 일꾼이다. 그가 왕의 사명을 맡았다 할지라도 하나님에게는 일꾼에 지나지 않는다. 그런데 세상은 왕이 하나님의 일꾼이라는 것을 알지 못한다. 왕도 하나님의 일꾼에 불과하다는 것을 알지 못하기 때문에 서로 세상의 왕이 되는 것에 앞다투어 경쟁하고 있지 않은가.

앞에 목회철학의 정립은 예배 찬양사역자를 세우는 목회 비전을 하나님 나라 일꾼 세우는 교회 비전으로 발전시켰다. 예배 찬양 사역자 100명을 세우는 목회 비전이 목회 사역의 활동이라면 하나님 나라 일꾼을 세우는 교회 비전은 목회의 사역 방향 및 목표를 제시해 주었다. 예배 찬양 사역자 100명을 세우는 것은 목회 사역의 과정에 불과하고 이것을 통해서 하나님이 이루시고자 하는 계획은 따로 있었다.

예배 찬양 사역자를 세우는 목회 비전이 교회 비전으로 발전되지 못했다면 나의 목회사역은 성도들을 교회 안에서만 찬양 사역자로 머무르게 하는 작은 목회 사역에 그쳤을 것이다. 그러나 하나님 나라 일꾼을 세우는 교회 비전을 통해서 교회에 예배 찬양 사역자를 세우는 데 그치지 않고 세상 속에서 하나님의 사명을 맡은 하나님 나라의 일꾼을 세우는 목회 사역으로 더 확장된 것이다.

다윗은 목동 시절 악기를 배웠고 왕으로 기름 부음을 받아 왕의 사명을 받은 후에도 궁중에 들어가 악기 사역자로 활동한다. 다윗은 사울 왕의 병을 치료하기 위한 궁중 악사가 된 것이었다. 사회적으로 볼 때 궁중 악사가 된 것은 큰 성공이었을 것이다. 궁중 악사가 되었다는 것은 음악의 세계에서 왕이 되었다는 것을 의미할 것이다. 하지만 하나님의 계획은 다윗의 인생이 궁중 악사로 끝나는 것이 아니었다. 하나님의 뜻은 다윗을 이스라엘의 왕으로 세우는 데 있었다.

다윗이 목동, 궁중 악사 그리고 왕의 인생을 살았던 것처럼 교회 사역인 예배 찬양 사역자를 세우는 것도 단순히 악기를 가르쳐서 예배 찬양 사역자로 끝나는 것이 아니라는 것이다. 교회에서 악기를 배워서 후에 악기를 전공하더라도 그 인생이 악기를 연주하는 악사로 끝나는 것이 아니다.

교회에서 하나님을 찬양하는 예배 찬양 사역자는 악기를 전공하든지 전공하지 않든지 상관없이 찬양을 통하여 그들의 인생에 하나님의 사명을 발견하게 된다. 결국, 하나님으로부터 받은 그 사명을 통하여 예배 찬양 사역자들은 이 세상에서 하나님 나라의 일꾼으로 살아갈 것이다. 교회 비전은 악기를 가르쳐서 예배 찬양 사역자를 세우고 그들을 하나님의 사명을 맡은 자로 세상에 내보내는 것이다.

07

.
:
.

왕 같은 제사장

베드로전서 2장 9절 말씀을 보자.

"그러나 너희는 택하신 족속이요 왕 같은 제사장들이요 거룩한 나라요 그의 소유가 된 백성이니 이는 너희를 어두운 데서 불러내어 그의 기이한 빛에 들어가게 하신 이의 아름다운 덕을 선포하게 하려 하심이라"

성경은 우리를 왕 같은 제사장이라고 소개하고 있다. 우리가 어떻게 왕 같은 제사장이 되는가. 성전에서 예배는 제사장들의 직분이고 찬양은 레위인의 직분이다. 그러나 예수 그리스도를 통하여 우리는 성전에서 다 예배하는 자요 찬양하는 자가 되었다. 우리는 레위인이요 제사장이다. 예배 찬양 사역자로 세워진다는 것은 우리가 제사장으로 사는 것이다.

베드로전서는 우리를 그냥 제사장이 아니라 왕 같은 제사장이라고 부른다. 왕은 하나님의 사명을 맡은 자이다. 하나님의 사명을 맡은 자면 누구나 왕이 된다. 예배 찬양 사역자를 세우는 비전의 목적은 하나님의 사명을 맡은 일꾼으로 세우는 데 있다. '찬양 – 성령 – 말씀 – 변화 – 새 사람'이라는 일꾼이 되는 과정을 거치면서 하나님의 사명을 깨달아야 한다. 하나님이 새 사람을 만드는 목적은 사명을 맡기기 위함이다.

악기를 배우고 예배 찬양 사역자로 세워져 하나님을 찬양할 때 하나님의 영이 임하고 말씀을 통하여 변하여 새 사람이 되어 진다. 새 사람이 되어 지면 하나님이 사명을 주실 것이다. 하나님의 사명을 깨닫고 세상 속에서 그 일을 행할 것이다.

교회 비전은 성도들을 찬양하는 제사장과 하나님의 사명을 가진 왕이 되어 왕 같은 제사장의 삶을 살게 하는 것이다. 그래서 이들이 하나님의 뜻과 계획 속에서 하나님의 사명을 받아 각자의 위치에서 하나님의 일꾼으로 충성을 다한다면 이들을 통하여 세상 속에 하나님의 뜻이 이루어지고 하나님의 나라가 열방으로 확장되어 갈 것이다. 하나님의 일꾼은 충성의 열매로 하나님께 영광을 돌릴 때 사명을 감당하는 자리에서 늘 왕 같은 제사장으로 살아갈 것이다.

세상의 모든 사람들은 왕 같이 살기를 원한다. 그들이 왕이 되는 길은 가장 높은 자리에 앉는 것이다. 그러나 하나님의 일꾼인 우리가 왕이 되는 길은 하나님의 사명을 발견하는 것이다. 내가 좋은 직장에 들어가 남보다 더 많은 돈을 버는 것 보다 더 중요한 것은 '하나님의 사명을 받아 일을 하는가' 이다. 높은 직위에 앉아 남보다 더 편하게 일을 하는것 보다 더 중요한 것은 내가 하나님의 사명에 의해 움직이며 하나님의 영에 충만하여 일하고 있는가 하는 것이다.

예배 찬양 사역자를 세우는 비전의 목적은 인생의 성공이 아니라 새 사람을 만드는 것이 되어야 한다. '나는 변하여 새 사람이 되었는가. 나는 하나님 보시기에 합당한 마음이 되었는가.' 이것이 목회 비전을 통해서 찬양 사역자들에게 심겨져야 그들이 하나님의 사명을 맡은 하나님 나라의 일꾼으로 자라게 될 것이다. 그리고 그들이 왕 같은 인생을 살게 될 것이다.

교회 학교 학생들에게 바이올린을 가르치고 그들을 예배 찬양 사역자로 세우는 사역을 통해서 이들이 우리 다음 세대에 하나님 나라 일꾼으로 세워지기를 기도한다. 우리 다음 세대에도 하나님의 나라를 책임질 믿음의 일꾼들이 이어져야 한다.

예배 찬양 사역자를 세우는 비전이 성령의 감동을 통해 새 사람을 만들어 하나님 나라 일꾼을 양성하는 길이 될 수 있다면 이 비전을 통해서도 우리 다음 세대에 하나님 나라 일꾼이 나올 수 있는 것이다.

예배 찬양 사역자 100명을 세우는 목회자의 비전은 성경 말씀을 통해 목회 철학이 정립되어 하나님 나라 일꾼을 세우는 비전으로 발전하게 되었다. 그리고 교회에서 악기를 배우고 자라나는 학생들을 바라보며 우리 다음 세대 하나님 나라 일꾼 100명을 세우는 교회의 비전으로 선포하게 되었다.

이를 통해 예배 찬양 사역자를 세우는 목회자의 비전은 단순히 음악으로 끝나는 것이 아니라 우리 다음 세대를 바라보고 다음 세대에 하나님의 뜻을 받들어 충성하는 일꾼을 세우는 목표를 가지고 나아가게 되었다.

Part 04.

교회 특성화

01
·
:
·

선택과 집중

교회의 특성화는 교회가 한 가지 사역을 선택하여 집중할 때 이루어진다. 교회 특성화는 작은 교회에 유리하다. 작은 교회는 큰 교회와 같이 많은 사역에 집중할 수 없다. 인적 자원의 한계와 재정적 자원의 한계가 있기 때문이다. 인적 자원과 재정적 자원의 한계를 안고 작은 교회가 많은 사역을 감당하려고 한다면 교회와 목회자가 탈이 날 것이다. 그것은 우리가 바라는 건강한 목회가 아닐 것이다.

개척 교회가 점점 어려워지고 있는 시대로 들어서면서 교회 특성화는 작은 교회를 건강한 교회로 세우기 위한 선택이 아닌 필수가 되었다고 볼 수 있다. 교회 특성화를 이루어내려면 사역의 선택과 집중이 필요하다. 우선 작은 교회 목회자가 혼자서 모든 것을 잘 할 수 없다는 것을 인정해야 한다. 혼자서 교회의 모든 사역을 잘 감당하는 것이 훌륭한 목사라는 척도를 버려야 한다. 이젠 시대가 변했다. 목사가 모든 것을 잘해야 하는 시대는 지났다.

어릴 적부터 목사가 되기를 꿈꾸며 목사는 팔방미인이 되어야 한다고 들으며 자라왔다. 팔방미인이 되어야 한다는 뜻은 나중에 훌륭한 목사가 되려면 교회의 모든 사역에서 뛰어나야 한다는 것이었다. 그런 목사는 찬양도 잘해야 되고 설교도 잘해야 하고 심방도 잘해야 한다. 기도도 잘해야 하고 성공 공부도 잘 가르쳐야 한다. 상담도 잘해야 하고 전도도 잘해야 한다. 거기에 외모까지 준수하고 멋진 옷을 입으면 더 훌륭한 목사로 보일 것이다.

신학 공부를 하면서 여전히 목회의 팔방미인이 되려고 했다. 이러한 자세가 목회자의 자질을 갖추는데 큰 도움이 된 것은 사실이다. 그런데 실제 목회에 나와서는 특히 잘하는 것이 없는 모습을 발견하게 되었다. 그런 내 모습이 목사 안수를 받아 교회를 설립할 수 있는 자격증만 소지한 목사 같아 보였다.

개척 교회 목회를 하면서 그나마 다행인 것은 바이올린을 잘하는 것은 아니지만 교회에서 바이올린 교실을 10년 동안 꾸준히 지속해 왔다는 것이다. 물론 나도 목회에 나와서 여러 가지를 잘 하려고 했지만 인적 자원과 재정적 자원의 한계에 부딪히고 나의 목회 능력의 한계에 부딪히면서 결국 선택과 집중을 할 수 밖에 없었다. 그렇게 해서 바이올린 교실을 선택하여 점차 바이올린 교실에 집중하는 목회가 되었다.

바이올린 교실을 선택하여 하나에 집중한다고 그것이 교회 특성화가 되는 것은 아니다. 바이올린 교실을 지속한지 5년이 되었을 때 '개척 교회를 계속해서 담임해야 하는가' 하는 회의를 가지게 되었다. 5

년 동안 어린이들에게 바이올린을 가르쳤지만 개척 교회의 상황은 더 나아지지 않았다. 개척 교회를 접고 큰 교회 부목회자로 가려는 마음도 있었다.

개척해서 5년이 되는 시점이 되면 개척 교회 목사는 선택의 기로에 서게 된다. 개척 교회가 부흥의 변화가 보이지 않으면 개척교회에 남아야 할지 그만 두고 다른 곳으로 사역지를 옮겨야 할지 갈등을 심하게 느끼게 된다. 만약 5년 이후에 교회가 부흥할 가능성이 보인다면 어려운 상황에서도 개척 교회에 남아 개척 교회 목회를 담당하는 것이다. 하지만 부흥할 기미가 보이지 않는데도 개척 교회에 남아 목회를 지속한다면 소모전이 될 수 밖에 없다. 그 후의 목회는 교회를 건강하게 이끌고 갈 힘을 잃게 된다.

목회 사역지를 바꿀 고민을 하던 개척 교회 5년의 시점에 나에게 목회의 비전이 보였다. 교회에서 기도하던 중에 바이올린 교실을 통하여 예배 찬양 사역자 100명을 세우라는 비전이 주어졌다. 사실 예배 찬양 사역자 100명을 세우라는 비전을 받았을 때 믿어지지 않았다.

우리 교회는 30평 정도 되는 상가 2층에 있었다. 30평도 사무실, 유아실, 친교실, 주방, 화장실로 나뉘어서 실제로 예배실은 협소했다. 예배실에 접이식 개인 의자 20개를 놓으면 움직일 공간이 부족할 정도였다. 그런 곳에서 예배 찬양 사역자 100명을 세우는 것은 농담처럼 들렸다. 비전을 받고 기도하면서 예배 찬양 사역자 100명이 아니라 20명 아니냐고 하나님께 물었다. 하나님은 잠잠하셨다. 다시 하나님께 기도했다. 교회도 좁은데 100명은 어렵고 내가 열심히 아이들을 전도하고 악기를 가르쳐서 예배찬양 사역자 30명 까지는 해보겠다고 했다. 하지만 하나님은 더 이상 아무 말씀도 하시지 않았다.

예배 찬양 사역자 100명을 세우라는 비전을 받은지 몇 개월이 지나 지 않아 놀라운 일이 일어났다. 전혀 뜻하지 않고 계획되지 않은 일이었다. 우리 교회는 큰 도로변에서 마을 안 쪽으로 깊이 들어온 곳에 위치해 있었다. 그런데 우리 교회가 도로변 가까운 곳으로 이전할 수 있는 기회가 주어진 것이다. 그것도 45평의 교회였다. 비전을 받았을 때 예배 찬양 사역자 100명 세우기에는 교회가 좁다고 말한 것을 하나님 이 들으셨을까? 나는 속으로 이런 생각을 하면서 예배 찬양 사역자 100명을 세우라는 비전이 하나님이 주신 비전이라는 확신을 점차 가지게 되었다.

교회가 이전되기로 결정된 지 불과 한 달 만에 교회를 옮기게 되었다. 그것도 45평의 교회에 전세였다. 우리 교회가 옮겨질 당시 내가 속한 부평 서지방에 '미자립 교회 자립을 위한 기금' 사업이 시행되고 있었다. 이 기금은 미자립 교회가 전세나 건물을 매입해서 교회를 옮길 경우 재단에 편입되는 조건으로 지원해 주는 사업이었다. 이전할 교회가 전세로 있었기에 우리는 전세금을 조금 올려 전세로 계약할 수 있었다. 그 당시에도 건물주들이 전세를 월세로 바꾸려고 했기 때문에 월세를 전세로 바꾸거나 전세 건물을 찾기는 어려운 일이었다. 우리 교회가 전세로 계약을 하고 '미자립 교회 자립을 위한 기금'을 신청하여 5천만을 지원 받게 되었다. 45평에 전세로 교회를 옮겨주신 이유가 뭘까 생각했다. 건물이 좁다고 예배 찬양 사역자 100명 세우지 못한다고 불 평하지 말라는 것이고, 돈이 없다고 예배 찬양 사역자 100명 세우지 못한다고 변명하지 말라는 뜻 같았다. 교회 이전을 통해서 예배 찬양 사역자 100명 세우는 비전이 하나님이 주신 비전이라는 확신이 좀 더 깊어지게 되었다. 그리고 예배 찬양 사역자 100명을 세우는 것은 나보 고 이 일만 하라는 의미로 받아들여졌다.

그 당시에는 목회 사역의 선택과 집중에 대해 깊이 생각해 보지 않았다. 교회 특성화에 대한 지식을 전혀 갖지 못한 상황이었다. 목회자는 목회에 팔방미인이 되어야 한다는 생각이 지배적이었다. 그런 나에게 예배 찬양 사역자 100명을 세우라는 비전은 팔방미인이 될 것을 포기하고 선택과 집중을 하라는 하나님의 뜻으로 들린 것이다. 팔방미인을 포기하는 것은 나에게 교회 성장을 포기하는 것으로 받아들여졌다. 어려서부터 교회를 부흥시켜 큰 교회 목사가 되려면 팔방미인이 되어야 한다고 들어왔기 때문이다.

예배 찬양 사역자 100명을 세우는 비전을 받고 교회를 이전하고 나서 내가 이 비전을 위해 선택과 집중을 해도 되는지에 대한 문제를 가지고 하나님께 기도하게 되었다. 기도 응답이 왔다.

"하나님, 내가 하나님이 주신 비전을 위해 선택하고 집중해도 됩니까?"

"이 목사야, 생각해 보아라. 예배 찬양 사역자가 앞에 나와서 찬양할 때 회중석에 앉아 예배하는 성도는 몇 명이나 될 것 같으냐?"

하나님은 이 물음을 던지시고는 또 아무 말씀도 없으셨다. 나는 하나님의 물음에 생각을 해 보았다. 예배 찬양 사역자 100명이 앞에 나와서 찬양을 하면 과연 회중석에는 몇 명이 앉아있을까? 앞에 나와서 찬양하는 사역자가 100명이면 적어도 회중석에 앉아 예배하는 성도도 100명은 될 것 같다는 감동이 들었다.

개척 교회 5년을 목회하다가 비전이 없어서 개척 교회를 포기하고 큰 교회 부교역자로 임지를 옮길 생각을 하던 내가 예배 찬양 사역자 100명과 회중석에 앉아 예배하는 100명을 상상한다는 것은 믿기지 않는 일이다. 개척 교회 목사가 200명의 성도가 모이는 교회로 부흥된다면 요즘 같이 교회 부흥이 어려운 때에 목회 성공한 것 아닐까?

이제 나의 선택과 집중의 문제는 끝났다. 나는 예배 찬양 사역자 100명을 세우는 비전에 집중하기로 했다. 그리고 이 선택과 집중의 결과가 교회 학교 오케스트라 세우는 교회 특성화를 탄생시켰다. 교회 학교 오케스트라 세우는 교회 특성화를 통해서 교회 학교 학생 100% 오케스트라 하는 교회가 되었다. 개척 교회 목회를 장기간 지속한다는 것은 힘든 일이다. 그러나 교회가 성장하지 않는다는 것보다 목회자를 힘들게 하는 것은 목회에 비전이 없는 것이다. 목회 비전으로 성도를 움직이고 교회의 특성화를 이룰 수 있다면 작은교회도 비전을 통해 일하시는 하나님의 손길을 경험하게 될 것이다.

02

．

．

．

교회 학교 전도

교회 특성화를 위해 목회 사역 중에서 하나를 선택하고 집중하게 되면 다른 목회 사역들을 포기해야 하는 줄 알았다. 그런데 사역을 선택하고 집중하다 보니 시간이 지난 후에 교회 안에서 여러 목회의 사역들이 특성화된 사역에 통합되어 나타나는 것을 경험하게 되었다.

예배 찬양 사역자를 세우라는 비전은 단순히 악기를 가르쳐서 하나님을 찬양하는 것에 그치지 않고 하나님 나라 일꾼을 세우는 비전으로 확대 되면서 교회의 다양한 목회 사역과 연결되기 시작했다. 특히 학생들을 예배 찬양 사역자로 세워 다음 세대 하나님 나라 일꾼을 만드는 교회 비전을 갖게 되면서 교회학교 신앙 교육에 대한 문제들이 목회 비전으로 풀어지게 되었다.

신학교와 대학원을 다니면서 두 교회에서 교육전도사로 사역한 경험과 수련목회자 과정에서 교회학교 아동부, 학생부 그리고 청년부까지 두루 사역한 바 있기에 교회 학교에서 일어나고 있는 여러 가지 문제들을 인식하게 되었다. 또한 개척 교회에 부임해서도 목회의 비전이 예배 찬양 사역자 100명 세우는 것이었고 그 대상이 학생들이다 보니 목회 현장에서도 그 동안 내가 인식한 교회학교 문제들을 계속해서 만나게 되었다. 이런 문제들이 목회 비전을 통해서 해결되기 시작했다.

지금은 많은 사람들이 한국 교회의 교회 학교 위기를 말한다. 나도 이에 동감한다. 교회 마다 교회 학교 인원수가 준다고 한다. 예전만큼 전도가 되지 않는다고 한다. 교회 학교 학생들을 지도하고 관리하는 것이 어렵다고 한다. 학생들을 일주일에 한번 예배에 나오게 하는 것도 힘들다고 한다.

교회 학교는 한국 교회의 미래다. 그런 의미에서 교회 학교의 위기는 한국 교회 미래의 위기이다. 한국교회의 미래를 생각한다면 심히 염려되는 상황이다. 교회 학교 학생의 수가 줄어드는 이유가 무엇인가? 교회학교 문제에 대한 진단과 해결 방안은 다양하게 제시되고 있다. 여기서는 우리교회 비전을 통해 교회 학교 문제들을 어떻게 풀고 있는지 설명하려 한다.

우선 최근 대부분의 교회들에 교회 학교 학생 수가 주는 이유는 부모와 자녀간에 관계 구조가 바뀌고 있기 때문이다. 지금의 부모와 자녀의 관계구조는 서로 밀접하게 연결되어 있다. 이 구조의 부정적인 면은 부모와 자녀의 삶이 건강하게 분리되지 못하는 점이다. 이는 마치 자녀 뒤에 항상 부모가 그림자처럼 따라 다니는 모습을 연상케 한다.

이런 현상이 최근 사회적으로 두드러지게 나타나게 되었다.

이러한 사회적 현상이 교회학교에 가져온 변화가 있는데 많은 아이들이 부모 없이는 혼자서 교회에 오지 않게 되었다는 점이다. 부모와 자녀가 건강하게 분리 되어 있지 않기 때문에 부모는 자녀를 교회에 보낼 때 자녀 혼자 보내려고 하지 않는 것이다.

교회 학교가 크게 부흥하던 시절에는 초등학교 학생들도 친구 따라 교회에 오는 어린이들이 많았다. 친구 따라 교회에 놀러 왔다가 신앙생활을 시작하게 되는 사례가 많았다. 친구 따라 교회에 오는 학생들이 많았을 때에는 교회학교에 학생들이 꽉꽉 찼었다. 교회 여름성경학교 때는 친구 따라 교회에 오는 학생들로 교회 학교 인원이 배가 되기도 했다. 그때는 이들이 교회 다니는데 부모가 크게 간섭하지 않았다.

하지만 지금은 상황이 많이 달라졌다. 초등학교 앞에 전도를 나가도 어린 아이 한명 교회에 데리고 오는 것이 어렵다. 심지어 아이들에게 부모 전화번호를 받아 오는 것도 어렵다. 전화번호를 받아 오더라도 확인해 보면 거의 틀린 전화번호이다. 이제 부모의 동의 없이 낯선 사람을 따라가거나 전화번호를 알려 주는 일은 사회적 금기처럼 되어 버렸다. 이렇게 부모와 자녀의 관계구조가 바뀌어 자녀는 부모의 강력한 영향력 아래 있게 되었다. 그렇다 보니 자녀의 신앙도 부모에 의해 결정된다. 자녀가 친구 따라 교회에 다니고 싶어도 부모가 반대하면 자녀의 신앙 결정은 무산 되고 만다.

자녀의 신앙 결정권이 부모에게 있는 지금은 학생들을 전도하는 것이 매우 어렵다. 또한 부모없이 자녀를 혼자 보내지 못하는 관계 구조 때문에 학생들을 전도하려면 부모까지 전도해야 하는 상황에 이르게 되었다. 요즘은 주변의 낯선 교회에 자녀를 혼자 보낼 강심장을 가진 부모가 그리 많지 않다. 부모가 자녀를 따라 교회에 와야 안심이 된다. 아파트 놀이터에서도 자녀를 혼자 보내지 못하고 놀이터에 같이 나가 노는 것을 옆에서 지켜봐야 안심이 되는 것이 지금의 부모다. 그러니 어린 아이 한명을 전도하려면 부모까지 전도해서 부모와 함께 교회에 데리고 와야 하는 것이다.

부모 전도도 어렵고 부모 전도가 안 되면 어린이를 교회에 데리고 오는 것조차 어렵게 된 이러한 현상이 작은 교회가 교회 학교를 만들어 가는 것을 더욱 어렵게 하고 있다. 이렇게 어른 전도와 어린이 전도가 동시에 이루어져야 하는 상황은 교회 학교의 전도 전략에도 새로운 변화를 요구하고 있다. 교회 학교 오케스트라 특성화는 새로운 교회 학교의 전도 전략이 될 수 있다. 부모와 함께 교회에 나와야 어린이 전도가 되는 때에 바이올린 교실을 통한 전도는 매우 효과적이다. 바이올린 교실은 악기를 배우는 자녀보다 부모가 더 좋아한다. 거의 모든 부모는 자녀에게 현악기를 가르치고 싶어 한다.

우리 교회는 바이올린 교실을 통해서 꾸준히 아이들이 전도되고 있다. 물론 대부분 부모가 함께 전도되는 경우가 많이 있다. 바이올린 교실을 통해서 교회가 크게 성장한 것은 아니다. 그렇지만 이들이 악기를 통해서 믿음을 가지고 하나님의 일꾼으로 세워져 간다는 것에 목회자로서 큰 기쁨을 느끼게 된다.

03

. . .

교회 학교 예배

부모와 자녀의 밀접한 관계구조는 교회학교 예배 시간까지도 바꾸어 놓고 있다. 주로 교회 학교 예배는 주일 오전 9시나 9시 30에 시작해서 어른들 예배가 시작되기 전에 끝났다. 교회 학교가 부흥할 때는 주일 오전 9시에 예배를 드려도 학생들이 예배에 열심히 참석했다. 지금은 부모가 학생들을 혼자 교회에 보내지 않는다. 학생들이 어디를 가도 부모와 함께 가는 것에 익숙해져 있다. 주일 오전 9시에 드리는 교회 학교 예배에 참석하는 학생의 수는 줄고 있고 오전 11시에 드리는 교회 학교의 수는 늘 수밖에 없다. 그러다 보니 교회는 부모가 예배를 드리는 같은 시간에 교회 학교 예배를 드릴 수밖에 없다.

예배 시간의 변동은 작은 교회가 교회 학교를 운영하는 것을 더욱 어렵게 만들고 있다. 작은 교회는 몇 안 되는 성도들이 교사도 해야 하고 성가대도 해야 하고 예배 안내도 해야 하고 주방 봉사도 해야 하는 상황이다. 그렇다 보니 교회 학교 예배 시간을 9시에서 다른 시간으로 바꾸기가 쉽지 않다. 따라서 작은 교회 교사들은 주일 오전 9시에 교회학교 예배를 유지하면서 교회 나오기 힘들어 하는 아이들과 씨름해야 하기 때문에 예전보다 몇 배의 수고가 뒤 따르게 된 것이다. 많은 교회들이 교회 학교의 위기를 맞이하고 있다. 부모와 자녀의 밀착된 연결 구조 같은 변화하는 사회 현상에 발 빠르게 움직이지 않으면 교회는 왜 교회 학교의 수가 주는지 제대로 이해하지도 못한 채 교회 학교를 살리기 위해 어려운 싸움을 싸우게 될 것이다.

　아무도 없는 개척 교회를 시작했을 때 나는 초등학교 앞으로 매일 전도를 나갔다. 다행히 그 때까지만 해도 학교 앞에 나가서 전도하면 교회에 따라오는 학생들이 있었다. 토요일에는 바이올린 교실을 운영하면서 주일에는 오전 9시에 어린이 예배를 드릴 수 있게 되었다. 아이들의 바이올린 실력이 향상되어 이들은 주일 오전 11시 대예배에 예배 반주자로 세워졌다. 아이들을 예배 반주자로 세우면서 내가 주일에 해야 할 일이 더 많아졌다. 혼자서 주일 오전 9시 어린이 예배를 준비하고 예배 전에 아이들을 데려오기 위해 차량 운행을 해야 했고 어린이 예배를 드리고 또 다시 몇몇의 성도들을 위해 차량 운행을 하고 나서 예배 반주자들을 위해 악기를 꺼내 악기를 조율해 주고 오전 11시 예배도 준비해야 했다.

　이렇게 바쁜 일정을 매 주일마다 소화하기는 쉽지 않았다. 그래서 결국 주일 어린이 예배는 포기하고 주일 오전 11시에 어른들과 함께 예배를 드리는 것으로 했다. 작은 교회 목회자로서 선택과 집중을 할 수밖에 없었다. 주일 오전 9시 어린이 예배가 사라지자 몇몇 어린이들은 교회를 떠나기도 하였다.

어린이들이 주일 오전 11시에 어른들과 함께 예배를 드리게 되면서 그 후로 7년 동안 어린이 예배를 다시 시작할 수 없었다. 어린이 예배를 다시 시작하기 까지 어린이 예배가 없는 7년의 시간은 짧은 시간이 아니었다. 주위에서 어린이 예배를 따로 드려야 하지 않겠냐고 했지만 교사를 세울 수 있는 교회 형편이 되지 않았고 그렇다고 내가 직접 교회학교 예배를 인도할 수 있는 여력도 되지 않았다. 7년 동안 어린이들이 교회에서 사라질 수도 있었을 것이다. 그렇지만 우리 교회는 어린이 수가 꾸준히 늘고 교회는 어린이들로 가득 찼다.

우리 교회 어린이들이 줄지 않은 것은 교회 특성화 때문이다. 교회 오케스트라를 세우는 교회 특성화로 인해 아이들이 교회에 와서 꾸준히 악기를 배우게 되었다. 교회 특성화는 아이들에게 단지 악기만을 가르치는 것이 아니라 악기를 통해서 새 사람을 만들고 하나님의 일꾼으로 세우는 교회 비전이 함께 이루어지고 있었다.

교회 특성화 목회는 어린이 예배를 따로 드리지 않는 상황에서도 어린이들을 교회로 이끌고 신앙을 성숙하게 할 수 있었다. 교회 특성화는 교회 상황에 따라 선택과 집중이 이루어져도 변화에 크게 영향을 받지 않는다. 그렇기에 교회 특성화를 통해서 건강한 목회, 건강한 교회로 자리 잡을 수 있다.

04

.
.
.

교회 학교 교육

앞에서 언급한 부모와 자녀의 밀착된 관계 구조 현상은 부모가 자녀의 신앙뿐만 아니라 자녀의 인생까지도 관여하는 양상을 보이고 있다. 부모가 자녀 인생에 대한 주도권까지 쥐고 있는 것이다. 부모가 자녀의 인생 주도권을 쥐는 것이 자녀 인생의 성공을 위한 가장 안전하고 확실한 길로 여겨지고 있다. 부모에게 자녀는 늘 불안한 존재이다. 자녀 혼자서 스스로 하는 모습이 만족스럽지 않다. 부모는 자녀가 해야 할 것들을 자신이 해 줘야 자녀가 더 잘 될 것으로 생각한다. 부모는 자신의 인생 경험을 통해 자녀의 인생을 더 나은 인생으로 만들어 줄 수 있다고 생각하고 자녀의 인생의 주도권을 쥐고 자녀의 인생에 개입하게 된다.

부모가 생각하는 자녀 인생의 성공은 무엇일까? 가시적인 결과로 볼 때 자녀를 좋은 대학에 보내고 좋은 직장에 취업시키는 것을 자녀 인생의 성공으로 생각한다. 보통 자녀가 좋은 대학에 합격하고 좋은 직장에 취업하면 그 부모는 주위로부터 자식을 잘 키웠다고 인정을 받게 된다.

이러한 인생 성공의 관점이 신앙 생활하는 부모들에게도 다르지 않다는 것이다. 교회 안에서도 자녀들이 좋은 대학에 들어가고 좋은 직장에 다니는 것이 좋은 신앙을 가진 것보다 나아 보이는 것이다. 그렇게 되면 교회 안에서도 좋은 대학과 좋은 직장은 모든 부모가 자녀에게 바라는 인생 성공의 목표가 되어버린다.

이런 인생 성공의 목표를 가진 부모는 자녀의 신앙교육에 대해서는 관심이 점점 떨어질 수밖에 없다. 대학을 가기 위해 중요한 시기인 고등학교 때나, 취업을 준비해야 할 때에는 자녀의 신앙 교육에 대해 더욱 소홀히 하기가 쉽다. 대학에 가야 한다고, 취업 준비를 한다고 교회 학교 예배에 빠지는 것을 당연시 할 수 있다. 교회 안에서 좋은 대학과 좋은 직장이 인생 성공의 목표가 되어 버리면 교회 학교는 큰 위기에 처할 수밖에 없다.

미래가 보장되는 좋은 대학이나 좋은 직장에 들어가는 것이 예전에 비해 더욱 어려워지고 있다. 예전에는 초등학교나 중학교 때 공부를 잘 못했어도 고등학교 때 정신을 바짝 차리고 공부해서 괜찮은 대학에 들어가는 사례가 적지 않았다. 그럴 때에는 아이들이 교회학교에서 열심히 신앙생활을 하는 분위기가 어느 정도 조성되었다. 공부는 나중에 해도 되니 신앙생활을 더 열심히 하라고 할 수 있었다. 부모에게는 자녀가 신앙생활을 통해 철이 들면 나중에 공부는 따라 갈 수 있다는 믿음도 있었다.

요즘 아이들은 조기 교육으로 어릴 적부터 학원 교육을 통해 맞춤형 전략을 세워 탄탄하게 실력을 키워가고 있다. 이렇게 어릴 적부터 탄탄하게 기초 실력을 다진 대부분의 학생들은 성장 과정에서 꾸준히 부모의 안내와 지원을 받는다. 그렇기 때문에 늦게 공부를 시작한 학생들이 중간에 실력을 따라 잡는 경우가 드문 것이다. 그러고 보니 부모는 자녀를 어릴 적부터 학원 교육을 시켜야하고 그에 따라 자녀는 예전 보다 더 어린 나이에 교회 신앙 교육에서부터 멀어지게 된다. 교회 학교에 나오는 아이들은 점점 줄게 될 수밖에 없다.

학원 교육은 자녀가 성공하는 인생의 길을 가는데 확실한 길을 제시해 주었다. 학원 교육은 자신들이 제시하는 방법대로 학생들이 열심히 따라오기만 하면 좋은 대학, 좋은 직장이라는 확실한 성공을 보장한다고 말한다. 그리고 학원 교육이 제시하는 데로 좋은 대학, 좋은 직장에 들어가면 그렇지 못한 사람들보다 평생 더 편리한 인생을 누리게 될 것이라는 믿음도 불어넣는다. 인생 성공의 관점에 사로잡혀 있는 부모들은 학원 교육이 주는 믿음에 사로잡혀 끌려가고 만다.

이제 학원 교육이 제시하는 공부 방법을 통해 자녀의 성적이 남보다 뛰어나게 되는 것이 가시적 성공을 위한 가장 확실한 방법이 되었다. 그러면서 교회의 부모들도 자녀를 좋은 대학과 좋은 직장에 보내기 위해 자녀를 학원에 보내려면 주일에도 자녀의 신앙 교육을 포기하게 된다. 이렇게 학원 교육이 믿는 부모의 마음까지 사로잡을 때 교회학교의 신앙 교육은 왜 부모의 마음을 잡지 못했을까. 믿음의 부모조차 자녀 인생의 성공을 위해 교회의 신앙 교육 방법을 버리고 세상의 학원 교육 방법을 선택한다면 지금의 많은 교회의 교회학교가 존폐의 위기에 처할 수 있다. 이는 곧 다가올 미래에 한국 교회의 위기가 될 것이다. 지금까지 교회 학교의 신앙 교육은 어떠했는가? 과연 세상의 학원 교육만큼 믿음의 부모들에게 자녀들을 위해 인생 성공의 길을 제시해 왔는가? 신앙 교육을 통해서도 인생에 성공할 수 있다는 믿음을 부모와 자녀들에게 보여 줬는가.

부끄러운 모습이지만, 나는 교회에 열심히 출석하지 않았던 학생이 좋은 대학교에 들어갔다고 교회에서 인정받는 모습을 보았다. 그 뒤에서 신앙생활을 열심히 했지만 좋은 대학에 들어가지 못한 학생들의 씁쓸한 모습도 보았다. 이는 좋은 직장에 취업을 하는 경우도 마찬가지였다. 교회는 자녀들이 어릴 적부터 교회 학교에서 어떻게 신앙생활을 해왔는지는 상관없이 좋은 대학, 좋은 직장에 들어가는 학생들에게 그렇지 못한 학생들보다 더 나은 대접을 해 주었다.

교회학교에 거의 참석하지 않는 학생도 좋은 대학에 들어갔다는 이유 하나만으로 교회의 모든 부모들에게 선망의 대상이 되고, 어릴 적부터 교회 학교에서 열심히 신앙생활 했지만 좋은 대학에 들어가지 못한 학생들과 또한 그들의 부모까지도 이들을 부러워하게 된다면 교회 성도들은 자녀들에게 신앙 교육보다 학원 교육을 더 강조 할 수 밖에 없다. 그속에서 믿는 부모들도 자신의 자녀들이 어떤 길을 가길 바라겠는가? 교회 안에서 자녀들이 어떤 모습으로 대접 받기를 원하겠는가?

인생 성공을 중시하는 교회 분위기 속에서 심지어 교회의 지도자들도 자신의 자녀에게 학원 교육을 중요시 하며 한 때 서로 경쟁하듯이 자신의 자녀를 어릴 적부터 해외에 유학 보내려 했다. 물론 학원 공부를 열심히 하거나 조기 유학을 보내는 것이 잘못이라는 의미가 아니다. 좋은 대학, 좋은 직장에 들어가는 것도 축하할 일이다. 하지만 성공을 중시하는 사회 풍토와 이에 동조하는 한국 교회의 모습으로 인해 교회 학교가 위기를 맞았다는 것을 말하려는 것이다.

지금도 여전히 인생 성공이라는 강력한 믿음을 주는 학원 교육 속에서 신앙 교육을 살릴 수 있는 지혜로운 방법을 찾아야 한다. 하지만 교회가 좋은 대학, 좋은 직장에 대한 태도를 바꾸지 않는다면 어떤 신앙 교육의 방법을 제시하더라도 큰 효과를 기대하기 어려워 보인다. 교회는 인생의 성공에 대한 태도를 바꾸어야 하고 부모와 자녀에게 믿음에 기초한 인생 성공의 의미를 보여 줄 수 있어야 한다.

교회는 믿음의 자녀들이 걸어가야 할 인생의 길을 확실하게 제시해 주어야 한다. 성경의 창세기에 나오는 요셉처럼 하나님을 잘 믿기만 하면 학원 교육과 환경에 상관없이 세상을 구원할 인재가 될 수 있다고 교회의 신앙 교육이 말한다면 요즘의 똑똑한 부모들이 그대로 믿고 따르겠는가.

분명 이러한 신앙 교육은 성경에 나오는 것이고 틀린 믿음은 아니다. 또 지금도 하나님은 그렇게 하실 수 있다. 그러나 세상의 모든 부모가 자신의 자녀들이 요셉과 같은 이 땅의 총리로 세워지기를 바란다면 하나님도 난감해 하실 수밖에 없을 것이다.

우리는 예배 찬양 사역자를 세우라는 비전을 가지고 교회 학교에 신앙의 답을 주기 위해 노력하고 있다. 교회 비전을 통하여 교회 학교에 제시할 수 있는 믿음의 길은 하나님의 사명을 받은 자로 하나님의 충성스런 일꾼이 되라는 것이다. 하나님의 일꾼이 되어 하나님께 영광 돌리는 삶을 살아갈 때 하나님은 우리를 왕 같은 제사장으로 세워 주실 것이다.

하나님의 사명을 받은 자로 살기 위해 '찬양 – 성령 충만 – 말씀 – 변화 – 새 사람'이라는 목회 철학에 근거한 신앙 교육을 교회 학교에 적용하고 있다. 하나님은 사람과는 달리 외모를 보시지 않고 사람의 중심을 보시기에 교회 학교 신앙 교육은 사람의 마음을 변화시키는데 초점을 맞추고 있다. 우리는 교회 학교 학생 100% 악기를 배우게 하면서 악기를 통해 하나님 나라 일꾼을 만드는 일에 힘쓰고 있다.

교회 학교 신앙 교육의 방향에 대해 이야기 하면서 나의 신앙을 점검하지 않을 수가 없다. 나는 하나님의 사명을 맡은 자로 왕 같은 제사장으로 살아간다고 자신할 수 있는가. 나부터 우리 교회 비전이 제시하는 신앙 교육에 대한 확신이 있어야 하지 않겠는가? 부끄러운 고백이지만 내가 고등학교 3학년 때 신학대학교에 입학 원서를 내는데 얼마나 자신이 없었는지 이번에 신학대학교에서 떨어지면 목사가 되는 것을 포기하고 공장에 다니며 기술을 배우겠다고 생각한 적이 있었다. 신학대학교에 떨어진다면 목사가 되는 것을 포기하고 평생 공장에 다니는 것도 괜찮다고 생각했었다.

그때 그런 생각을 할 수 있었던 이유가 있었다. 중학교 1학년 때부터 학생부 성가대에서 6년 동안 성실하게 활동한 나는 고등학교 3학년 성탄절에 교회 본 성가대 대원에 합류하여 칸타타를 발표하게 되었다. 그때 성가대에 서서 앞으로 하나님을 찬양할 수만 있다면 무엇을 하든지 상관없이 왕 같은 제사장으로 살게 될 것이라 생각하였다. 신학대학교에 떨어져서 목사가 되지 못해도 하나님이 찬양을 하는 나와 함께 하심으로 왕 같은 제사장으로 살아갈 것에는 의심이 없었다.

물론 그 해 나는 신학대학교에 합격하여 입학하였기 때문에 후에 평생 공장에 다녀야 하는 일이 일어나지는 않았다. 또한 목사의 길을 가면서 평생 성가대를 하고자 했던 마음도 이루질 못했다. 하지만 그 때 성가대를 할 수만 있으면 평생 공장에 다녀도 괜찮다는 마음만은 하나님이 확실히 보신 것 같다. 목회 현장에서 나에게 교회 학교 오케스트라를 세우는 비전을 주시고 목사가 되어서도 하나님을 찬양하는 일을 평생 계속하게 하셨기 때문이다. 그러므로 나는 작은교회 목사이지만 하나님의 사명을 받고 하나님을 찬양하는 왕같은 제사장으로 살고 있다.

예배 찬양 사역자를 세우는 비전을 통해 이 시대에 바른 신앙의 길을 제시한다면 다음 세대 한국 교회와 사회를 책임질 하나님의 일꾼들이 배출될 것이다. 그들이 어떤 길을 택해서 가든지 하나님의 사명을 붙들고 충성스런 마음으로 사명을 감당할 때 왕 같은 제사장의 축복을 누릴 것이다.

05

·
·
·

청년부 사역

신앙 발달에 있어서 인생의 모든 시기가 중요하겠지만 청년의 시기야 말로 매우 중요하다고 생각한다. 청년의 때는 자발적으로 행동할 수 있는 시기이고 가장 열정적으로 교회를 섬기고 봉사할 수 있는 시기이다. 청년의 때에는 자발적인 봉사를 통해서 청년의 때에 지녀야 할 믿음을 가지게 된다. 청년의 믿음은 그들이 앞으로 나아가야 할 인생의 길을 향해 당당하게 믿음으로 걸어가게 한다.

교회는 청년들이 건강하게 신앙 생활할 수 있도록 자리를 마련해 주어야 한다. 교회에서 고등부를 졸업하고 청년이 되면 교회학교 교사와 성가대에서 봉사할 수 있어야 한다. 교회는 많은 청년들이 교회학교 교사와 성가대등 여러 부서에서 열심히 봉사할 때 건강해지고 자연적으로 성장하게 된다. 그런데 지금은 예전과 다르다. 우선 교회를 위해 자발적으로 행동하고 봉사하는 청년들이 점점 줄고 있다. 교회학교를 졸업하고 청년부가 되어도 교회 학교 교사가 될 수 있는 청년이 많지 않다. 청년들도 교사는 하려고 하지 않고 하더라도 보조 교사 정도로만 봉사한다. 그리고 청년이 되어도 성가대로 봉사하려고 하지 않는다.

청년이 되어 교회에서 자발적으로 봉사하지 않으면 청년의 시기에 형성되어야 할 신앙이 발달되지 않는다. 청년의 때에 자발적인 봉사를 통해 더 깊은 신앙의 차원으로 나아갈 수 있고 그 신앙의 힘은 후에 직장을 얻고 결혼을 하여 직장과 가정에서 하나님 나라의 영역을 확장시킬 수 있는 믿음으로 이어진다.

이런 점에서 교회의 중심은 청년이 되어야 한다. 교회의 활동이 청년을 중심으로 움직여져야 한다. 청년이 교회의 주축이 될 수 있어야 한다. 그래야 청년들의 신앙이 건강하게 자랄 수 있다. 청년들이 교회 안에서 활발하게 움직일 수 없다면 교회가 청년들이 활동할 수 있도록 자리를 마련해 주어야 한다. 그런데 지금의 많은 교회는 청년대신 장년들이 자리를 차지하고 있다. 이제 교회를 움직이는 것은 청년들이 아니라 장년들이다. 장년들이 교회 안에서 자리를 차지하게 된 것은 장년들은 청년들에 비해 모든 면에서 뛰어나기 때문이다. 장년들은 오랜 사회 경험을 바탕으로 교회의 모든 일을 함에 있어서 계획적이다. 장년들은 조직적인 면에서 조금도 부족함이 없으며 일에 대한 추진력도 매우 뛰어나다 할 수 있다. 그러니 교회는 청년들과 일하는 것보다 이미 모든 것이 갖춰진 장년들과 일하는 것이 편할 수 있다.

이는 교회 성장 위주의 선교 방향과도 잘 맞아 떨어진다. 어디로 튈지 모르는 청년들과 함께 교회를 움직이는 것보다 모든 면에서 책임감 있게 준비된 장년들과 함께 교회의 활동을 주도하며 교회를 움직이는 것이 교회의 성장에 유리하다는 판단이다. 하지만 이렇게 되면 교회는 성장위주의 정책을 성공적으로 수행할 수 있는 장년들을 얻는데 성공할 수 있을지는 몰라도 결과적으로 미래에 교회의 일꾼이 될 청년들을 양육하는데는 실패할 수 있다. 교회의 성장 위주의 정책은 청년들이 교회의 일꾼으로 성장하는데 기다려 주지 못한다.

청년은 자발적으로 활동하고 교회에서 봉사할 수 있는 단계이긴 하지만 장년들처럼 완성된 모습을 보이지 못한다. 자발적인 봉사를 할 수 있지만 그들에게선 여전히 실수와 미숙함이 보인다. 그렇기 때문에 교회는 청년들이 성숙할 수 있도록 기다려 줘야 한다. 때로는 교회가 이를 위해 인내를 감수해야 한다. 그러나 교회가 성장을 중시하면 청년들의 실수와 미숙함을 이해하고 기다려 주지 못한다. 이를 기다려 주지 못하고 장년들이 교회의 활동을 차지해 버리면 청년들은 장년들의 능숙함에 비교되면서 자발적인 봉사를 하기가 어려워진다. 이런 청년들은 교회 안에서 교회 학교 학생부도 아니고 그렇다고 장년부도 아닌 어정쩡한 위치에 머물면서 차츰 교회 안에서 천덕꾸러기 신세가 될 수밖에 없다.

청년들은 여전히 실수와 미숙함을 가지고 있다. 교회는 실수가 있고 모든 면에서 미숙한 청년들에게 일을 맡기는 것이 불안할 수도 있다. 교회에서 청년들을 교회 학교의 한 부서로 머물게 하는 편이 속 편할지도 모를 일이다. 하지만 교회는 청년들의 이러한 실수와 미숙함을 당연한 것으로 이해하고 그들이 성장할 수 있도록 기다려 주어야 한다. 그리고 그들에게 일을 맡기는 것을 주저하지 말아야 한다. 우리도 청년의 때에 수많은 실수와 미숙함이 있었지만 교회가 이해해 주고 기다려줬기에 더 발전하고 성장할 수 있었다.

이제 청년들이 활동할 수 있는 교회의 분위기로 바꿔야 한다. 청년들은 장년부가 가지지 못한 열정을 가지고 있다. 청년들은 열정을 바탕으로 교회 안에서 열심히 봉사할 수 있다. 교회가 청년들을 이해하고 그들의 미숙함과 실수를 너그럽게 봐주고 기다려 줘야 한다. 그래서 교회학교를 졸업한 학생들이 청년이 되어 교회 안에서 자발적으로 교사와 성가대 등에서 봉사하면서 창조의 역사를 일으킬 수 있는 신앙의 발달을 이루어야 한다. 그렇게 된다면 교회는 다시 건강을 되찾을 수 있다고 본다.

우리 교회는 예배 찬양 사역자를 세우라는 비전을 통해서 청년들이 교회에서 자발적으로 봉사하게 한다. 우리 교회는 예배 찬양 사역자를 세우라는 교회 비전을 이루기 위해 교회학교 학생들이 100% 악기를 배워서 예배 찬양 사역자로 활동하고 있다. 이들은 교회학교를 졸업하고 청년이 되어도 예배 찬양 사역자가 될 것이다. 교회의 비전이 예배 찬양사역자 100명을 세우는 것이기 때문이다.

우리 교회에서는 청년들이 교회학교를 졸업하고 청년부가 되어도 위축되는 일이 없을 것이다. 왜냐하면 악기의 특성상 오래 배울수록 그렇지 않은 사람보다 실력이 나아지기 때문이다. 교회학교 때부터 악기를 배운 학생은 청년이 되면 더 나은 실력으로 교회의 비전을 위해 활발하게 움직이는 허리의 역할을 충분히 감당할 수 있게 된다.

현악기의 특성상 악기를 배우는 기간이 정해져있지 않다. 악기를 배우는 것에는 수료라는 것이 없다. 전공을 해도 실력 차이가 나는 것이 악기다. 하물며 교회에서 악기를 배우는 것은 평생을 걸쳐서 해야 할 일이다. 그러다 보면 청년들은 교회의 허리의 역할을 잘 하고 장년이 되어서도 예배 찬양 사역자로서 교회의 비전을 돕는 자가 될 수 있게 된다.

개척 교회를 시작한지 10년이 되니 초등학교 때부터 교회에서 악기를 배워온 학생들이 청년이 되어간다. 찬양과 성령의 감동과 말씀으로 변하여 하나님의 사람으로 세워지는 교회 비전이 이들을 통해서 결실을 볼 때가 되었다.

우리 교회의 특성화 성격상 교회에서 청년이 될 이들이 교회 비전의 중심에 설 수 밖에 없다. 이제 교회가 하나님의 사람이 된 청년에 의해 움직여지고 청년들이 예배 찬양 사역자 100명을 세우는 비전을 이끌어 갈 것이다. 청년들이 교회에서 자발적으로 봉사할 때 청년의 때 필요한 믿음을 채워가며 사명을 맡아 충성되게 감당할 수 있는 성숙한 하나님의 일꾼으로 세워질 것이다.

06
·
·
·

특성화 목회

비전의 확신과 목회 철학의 정립을 통해 교회 특성화가 완전히 이루어지면 특성화를 통해서 다른 목회 사역이 연결되어지고 통합된다. 예배 찬양 사역자를 세우는 비전은 어린이에서 노년에 이르기까지 통합된 목회 방향을 제시한다.

예배 찬양 사역자를 세우는 비전은 교회학교 학생들에게는 악기를 배우는 동기 부여가 된다. 예배 찬양 사역자가 되기 위한 믿음이 악기를 꾸준히 배우는 동기가 되고 있다. 그리고 학생들이 예배 자로 세워지게 되면 예배 가운데 성령과 말씀으로 새롭게 변화될 기회를 갖게 된다. 이들이 말씀을 배우는 학습자로만이 아니라 찬양 사역자로 교회에서 봉사할 수 있는 위치에 서게 된다.

새롭게 변화된 이들은 청년이 되면 악기를 통한 자발적인 봉사를 통하여 하나님의 사명을 받고 하나님의 일꾼이 될 결단의 시기를 거치게 된다. 그리고 이들은 하나님의 나라를 이루기 위해 삶의 현장으로 나아갈 준비를 하게 된다.

이들은 장년이 되어 자신이 받은 사명을 각자의 위치에서 실천할 때 왕 같은 제사장의 삶을 살게 될 것이다. 또한 교회에서 찬양으로 하나님께 영광을 돌리며 다음 세대에 하나님 나라의 일꾼을 세워가는 교회 비전에 협력하게 될 것이며 이를 위해 헌신하는 삶을 살게 될 것이다. 또한 이들이 노년이 되어도 악기로 하나님을 찬양하는 일은 계속될 것이고 마지막 힘이 닿는데 까지 자녀와 손자 손녀들과 함께 예배 찬양 사역자가 되어 교회의 비전을 위해 기도하며 도울 수 있을 것이다.

교회 비전을 통해서 어린이부터 노인에 이르기 까지 일관된 목회 방향을 제시하고 나아가면 건강한 교회의 모습을 유지할 수 있을 것이다. 어린이에서 노년에 이르기까지 통일된 교회 정책은 학생들이 성장함에 따라 교회 학교 오케스트라를 세우는 사역에서 교회 전체 오케스트라를 세우는 사역으로 확대되고 있는 것이다. 교회 오케스트라를 통해서 예배 찬양 사역자를 세우자는 통일된 교회 정책은 어린이부터 노인에 이르기까지 어느 한 부서도 위축되지 않고 건강한 부서로 발전시킬 수 있을 것이다.

교회 비전인 예배 찬양 사역자가 되는 일은 노년에도 할 수 있다. 예배 찬양 사역자 100명을 세우라는 것은 어린이부터 노년에 이르기까지 100명이 다같이 모여 하나님을 찬양하는 것이다.

예배 찬양 사역자를 세우는 비전을 바라보면서 내 목회 기간을 세 단계로 나누어서 생각한다. 목회의 첫 번째 단계는 지금의 학생들이 악기를 배워 예배 찬양 사역자로 잘 성장하는 것이다.

두 번째 단계는 이 학생들이 성장하여 결혼해서 자녀를 낳고 자녀들과 함께 예배 찬양 사역자로 봉사하는 것이다. 목회 마지막 단계는 손자 손녀와 함께 3대가 예배 찬양 사역자로 봉사하는 것을 보는 것이다. 목회 마지막 단계에 이르러 손자, 손녀와 함께 예배 찬양 사역자로 봉사할 때는 예배 찬양 사역자 100명을 세우라는 비전이 이루어진 것을 함께 볼 수 있을 것이라 생각한다.

07

목회 사역의 통합1 - 전도

교회의 비전이 교인 전반에 걸쳐 일괄된 교회의 정책을 통합적으로 이루어 가듯이 교회 비전은 목회 사역 전반에 걸쳐서도 통합적으로 다루어질 수 있다. 교회의 비전이 목회 사역의 중심이 될 수 있다. 목회 철학이 목회자의 비전에 녹아져서 교회의 문제를 해결하는 힘이 되었듯이 교회의 목회 사역도 교회의 비전에 녹아지게 되면 건강한 교회로 나아가는 더 큰 힘이 된다.

예배 찬양 사역자 100명을 세우는 목회 비전은 교회에서 전도와 예배와 교육의 사역을 통합적으로 아우르는 비전이 되었다. 예배 찬양 사역자 100명을 세우는 목회 비전을 이루기 위해서는 교회의 모든 성도들이 100명을 전도해야 하는 전도의 사명을 감당해야 하는 것이다. 우리 교회는 100명의 성도가 있어서 이 비전을 받은 것은 아니었다. 100명을 전도해서 예배 찬양 사역자 100명을 만들라는 것이었다. 그렇기 때문에 이 비전을 이루기 위해서 우리는 열심히 전도의 사명을 감당해야 한다.

우리 교회 전도는 악기를 통해 많이 이루어진다. 우리 교회는 바이올린 교실을 통해서 현악기를 무료로 배울 수 있다는 장점이 있다. 토요일에도 바이올린 교실이 있고 주일에도 현악기 교실이 있다.

악기를 통해 전도 되어 처음 교회에 나오는 사람은 토요일 바이올린 교실로 인도된다. 그렇게 되면 처음부터 주일 예배의 부담과 많은 교인들과 만나는 부담을 덜 수 있다. 토요일 바이올린 교실을 통해서 차츰 교회에 익숙해지고 교회 교인들하고 친숙해 지면 주일에 교회에 와서 예배드리고 교인들과 교제하는 일도 자연스럽게 이루어지는 것을 보게 된다.

다행히 악기를 통한 전도 방법은 전단지를 비롯한 보편적인 전도 방법보다 상대적으로 잘 이루어진다. 악기가 전도 대상자와 접촉점이 되는데 학생들뿐만 아니라 학부모들에게도 관심을 끌고 있다. 악기를 배우는 것이 자녀들의 학습 효과에 도움을 준다는 것을 알고 있기에 교회에서 악기를 가르치는 것이 때로는 자녀들보다 부모들에게 호응이 좋을 때도 있다.

요즘은 부모가 자녀를 혼자 교회에 보내려 하지 않는다. 그렇기 때문에 아이와 함께 부모를 전도하는 전략으로 현악기를 통한 전도 방법이 매우 효과적이라 생각한다. 바이올린 교실은 자녀에게 악기를 가르치고 싶어 하는 부모의 마음을 움직일 수 있기에 가장 효과적인 전도 방법이 된다.

우리 교회의 바이올린 교실도 처음에 전도를 위한 목적으로 시작되었다. 교회 바이올린 교실이 전도를 위한 목적을 효과적으로 이루기 위해서는 전공한 선생님이 가르쳐야 한다. 내가 우리 교회에 부임해서 바이올린 교실로 초등학생들 전도를 할 때는 전공한 선생님이 없고 내가 직접 전도한 학생들에게 악기를 가르쳤다. 그러다가 앞에서 언급한 여러 가지 이유들로 전공한 선생님을 모시고 바이올린 교실을 운영했는데 그 때는 정말 큰 교회가 하나도 부럽지 않았다. 우리 교회에 바이올린을 배우러 오는 학생들도 우리 교회가 작지만 악기를 배우는 면에 있어서는 큰 교회에 가야할 필요성을 느끼지 못했다. 그렇기 때문에 작은 교회일수록 전공한 선생님을 모시고 바이올린 교실을 운영하는 것이 전도를 위해 더 효과적이라 할 수 있다.

우리 교회 바이올린 교실은 학생들에게 레슨비를 받지 않고 무료로 운영되고 있다. 이는 처음부터 바이올린 교실의 목적이 학생들을 전도하는데 있었기 때문이다. 바이올린 교실이 학생들을 전도하기 위한 목적이 아니라 악기를 가르치는 목적이었다면 학생들에게 바이올린 레슨비를 받았을 것이다.

전도를 위한 목적으로 바이올린 교실을 운영한다면 분명 무료로 운영해야 한다고 생각한다. 왜냐하면 전도는 은혜를 통해 되어지는 것인데 이 은혜라는 것이 공짜이기 때문이다. 공짜가 아니면 은혜가 아니다. 바이올린 교실도 교회에서 운영한다고 단 돈 만원의 레슨비라도 받으면 은혜가 아니다. 단 돈 만원에 은혜를 저버리면 전도가 쉽지 않다.

　생각해 보라. 전도를 하는데
　"우리 교회에서 바이올린 전공한 선생님이 바이올린을 가르쳐 주는데 무료입니다." 하는 것과
　"우리 교회에서 바이올린 전공한 선생님이 바이올린을 가르쳐 주는데 만원입니다."
　하는 것 중에 어느 방법으로 전도하는 것이 쉽겠는가. 어떤 말이 쉽게 나오겠는가. 당연히 첫 번째다. 왜냐하면 무료이기 때문이다. 두 번째는 첫 번째와 다 똑같은데 만원이 들어가서 전도가 안 된다. 두 번째 방법으로는 전도의 말이 잘 나오지가 않는다. 전도는 은혜로 되는 것이기 때문이다. 생각해 보면 우리가 전하는 복음도 실은 공짜다. 우리가 값으로 산 것이 아니라 무료로 우리에게 주어진 것이다. 복음이 무료이기 때문에 전도도 되는 것이다.

　바이올린 교실을 무료로 운영하면 학생들이 바이올린을 배울 때 성의를 보이지 않는다고 한다. 물론 틀린 말은 아니다. 우리 교회도 지금까지 바이올린을 성의 있게 배우는 학생은 거의 없었다. 그런데 한명도 바이올린을 배우다가 끊은 사람도 없다. 물론 바이올린을 배우다가 교회에 안 나오는 학생들도 있지만 레슨비가 무료이다 보니 잠시 배우기를 쉬는 것이지 끊은 것은 아니다. 무료이기에 다시 교회 나와서 언제든지 바이올린을 시작 할 수 있다. 하지만 바이올린을 자기 돈 주고 배우면 자기가 배우기 싫을 땐 배우는 것도 자기 마음대로 끊

고 교회도 자기 마음대로 끊더라는 것이다. 그런 학생들을 보면 은혜를 모르는 아이들이다. 그런데 교회가 그들에게 레슨비를 받고 바이올린을 가르쳤으니 실제로 교회가 그들에게 은혜를 주었다해도 그들은 자신들이 값은 지불했기에 은혜를 은혜로 생각하지 않는 것이다. 개척교회가 전도를 목적으로 바이올린 교실을 시작한다면 무료로 운영하는 것이 효과적이다.

우리 교회가 교회 학교 학생 100% 악기 배우는 교회가 된 것도 그냥 된 것은 아니다. 내가 음악을 전공해서 악기를 잘 가르쳐서 그렇게 된 것도 아니고 학생들이 바이올린을 배우고자 하는 열정이 대단해서도 아니다. 악기 하나로 어떻게 해서든지 한명이라도 더 전도해서 하나님을 찬양하게 하고 그들을 하나님 나라 일꾼으로 만들고자하는 교회 비전에 대한 열정이 있었기에 가능했던 일이라 생각한다. 그렇기 때문에 작은 교회도 이 특성화를 통해서 전도에 대한 열정을 불어넣는다면 오늘날 가장 적합한 전도 전략이 될 것이라 생각한다.

08

·
·
·

목회 사역의 통합2 – 예배·말씀

교회학교 오케스트라 세우는 사역은 목회의 예배·말씀 사역과 연결이 된다.

믿지 않는 학생들을 전도하려고 할 때 학생들을 전도해서 교회로 데려와도 그들을 예배자로 세우는 과정은 쉽지 않다. 예배의 자리에 꾸준히 나오게 하는데도 많은 시간이 걸린다. 하지만 교회의 다른 프로그램과 달리 바이올린 교실은 아이들을 전도해서 주일 예배로 나아오게 하는데 효과적이다.

교회는 바이올린 교실을 통해서 믿지 않는 아이들을 전도한다. 전도한 학생들에게 어느 정도 악기를 가르친 후에 찬송가를 가르치며 이들에게 주일 예배 시간에 발표해 보자고 하면 거의 모든 아이들이 좋아하고 예배의 자리에 나아오게 된다. 그런 모습을 통해서 아이들이 어른들보다 훨씬 영적으로 열려 있다는 생각을 하게 된다. 어른들보다 어린이들이 신앙을 잘 받아들이는데 이는 내가 예배 찬양 사역자를 세우는 비전을 통해서 어린이 전도에 더 열심히 내는 이유가 되기도 한다.

교회에 나와서 악기를 배우고 예배 시간에 찬양을 하게 되는 학생들은 예배시간에 혼자 찬양하는 것이 아니고 팀에 소속되어 함께 하게 하여 그들로 하여금 찬양하는 부담을 덜게 한다. 그리고 팀으로 같이 찬양을 하면서 교회에 대한 소속감을 느끼게 되는데 이것을 통해 새로 온 학생이 교회에 적응하는데 도움을 준다.

학생들은 예배 찬양 사역자로 세워서 예배에 참여하게 됨으로 자연스럽게 말씀을 듣게 된다. 학생들에게 말씀을 전하는 말씀 사역은 이들을 하나님의 일꾼으로 세우기 위해 매우 중요한 과정이다. 결국 이들이 하나님 나라 일꾼이 되기 위해 새롭게 변화되는 역사는 성령의 감동과 말씀을 통해서 일어나는 것이다. 그렇기 때문에 새로온 학생에게 악기를 가르쳐서 예배 찬양 사역자로 세워서 예배에 참여하게 하고 말씀을 듣게 하는 일은 꼭 필요한 일이다.

교회학교 오케스트라 세우는 사역은 악기를 가르쳐 예배 찬양사역 자가 되게 함으로 악기를 통해 예배를 돕는 자가 되게 하는 것이다. 예배 찬양 사역자의 은혜로운 예배 찬양은 성도들에게 예배 가운데 임하는 성령의 임재를 경험하게 한다. 특히 설교 전의 은혜로운 찬양은 성도들에게 목사님을 통하여 들려지는 말씀에 은혜를 받게 한다. 이렇게 교회 학교 오케스트라 세우는 사역은 예배 찬양 사역자를 세우는 비전을 이루게 되며 교회의 예배 사역과 긴밀하게 연결된다.

앞에서 살펴본 바와 같이 교회의 특성화를 만드는 것은 목회자 자신이 잘하는 것을 교회 프로그램으로 만들어 운영하는 것과는 차이가 있다. 우리 교회의 교회 학교 오케스트라 세우는 사역은 교회의 전반적인 사역과 연결되어 있다. 따라서 교회 학교 오케스트라 세우는 사역은 교회 안에서 하나의 프로그램이 아니라 하나의 목회라 할 수 있다.

목회자의 재능을 통해 시작된 프로그램에 목회자의 비전이 더해지면 특성화된 교회로 나아갈 수 있다. 목회자의 비전에 정립된 목회자의 목회 철학이 녹아들면 비전이 확대되고 발달되어진다. 그렇게 발달 확대된 교회 비전은 교회의 특성화를 이루게 되고 교회 전반의 사역들을 통합하여 하나의 목회 길을 만들게 된다.

우리 교회는 바이올린 교실에 예배 찬양 사역자를 세우는 목회자의 비전에 더해지면서 교회 학교 오케스트라를 세우는 사역으로 특성화되었다. 목회 철학이 목회 비전에 녹아들어 예배 찬양 사역자들이 교회 안에서 찬양하는 사역자로 머무는 것이 아니라 하나님의 사명을 깨달은 하나님 일꾼을 만드는 교회의 비전으로 확대 발전되었다. 교회 학교 오케스트라 세우는 특성화된 사역으로 전도, 예배, 교육이 통합적으로 이루어지게 되었다.

교회의 특성화는 목회 전반 사역을 연결하고 통합함으로 건강한 교회를 만들어 준다. 특히 교회의 비전을 통한 통합적인 목회 사역은 작은 교회가 할 수 있는 장점이 된다. 작은 교회는 다양한 비전을 제시하지 않아도 하나의 비전으로도 교회를 통합적으로 이끌어 갈 수 있다. 하나의 교회 비전으로도 모든 성도들을 비전을 위해 움직이게 할 수 있는 역동적인 능력을 이끌어 낼 수 있다. 그렇기에 작은 교회야 말로 특성화를 통해서 건강한 교회로 발전할 수 있는 가능성이 크다고 할 수 있다.

09
·
·
·
교회 세우기

역대상 22장 5절

"다윗이 이르되 내 아들 솔로몬은 어리고 미숙하고 여호와를 위하여 건축할 성전은 극히 웅장하여 만국에 명성과 영광이 있게 하여야 할지라 그러므로 내가 이제 그를 위하여 준비하리라 하고 다윗이 죽기 전에 많이 준비하였더라"

역대상 22장부터는 다윗이 성전을 준비하는 말씀이다. 역대상 29장에서 다윗의 일대기가 끝이 나고 역대하에서 솔로몬이 등장한다. 따라서 역대상 22장에서 29장은 역대상의 결론 부분이다. 다윗이 성전 건축을 준비했다는 것이 역대기상의 결론이다. 즉 다윗의 마지막 사역은 성전 건축을 준비하는 것이 되었다. 다윗은 자신의 손으로 성전을 건축하고자 하였으나 하나님께서 허락하시지 않았다. 자신이 성전을 건축하는 자가 될 수 없었던 다윗은 이 때 부터 성전 건축을 준비하는 자로 살게 된다. 다윗은 죽기 전에 성전 건축을 위해 많은 준비를 하게 된다.

역대상 25장 6절, 7절의 말씀을 보자.

6. 이들이 다 그들의 아버지의 지휘 아래 제금과 비파와 수금을 잡아 여호와의 전에서 노래하여 하나님의 전을 섬겼으며 아삽과 여두둔과 헤만은 왕의 지휘 아래 있었으니
7. 그들과 모든 형제 곧 여호와 찬송하기를 배워 익숙한 자의 수효가 이백팔십팔 명이라

역대상 22장부터 다윗이 성전 건축을 준비하기 시작하는데 역대상 25장에서는 성전에서 수금과 비파와 제금을 잡아 신령한 노래를 하는 직무 맡을 자들을 정하였다. 그들의 수가 288명이었는데 그들은 모두 여호와 찬송하기를 배워 익숙한 자라 하였다. 여호와 찬송하기를 배워 익숙한 자 288명을 세우는 다윗의 모습에서 우리는 성전 건축을 준비하는 다윗의 마음을 볼 수 있다. 찬양 사역자를 세우는 것도 성전 건축을 준비하는 것이다.

예배 찬양 사역자를 세우는 일은 다윗이 신령한 노래를 하는 직무를 맡게 될 사람들을 정하는 것과 같다. 예배 찬양 사역자를 세우는 것은 성전 건축을 준비하는 것과 같다. 다윗이 성전을 세우고자 하는 마음 으로 찬송하기를 배워 익숙한 자 288명을 세웠듯이 우리도 교회를 세우는 마음으로 예배 찬양 사역자 100명을 세우는 것이다. 예배 찬양

사역자 100명 세우는 비전을 통해 교회를 건강하게 세우는 비전을 이해할 수 있을 것이다.

성경을 보면 성전을 세우는 말씀이 많이 나온다. 성전은 하나님이 거하시는 곳이기 때문이다. 이스라엘이 출애굽해서 광야에 머물 때 하나님이 거하시는 성막을 지었다. 다윗과 솔로몬은 성전을 지었다. 그리고 바벨론에 의해 무너진 성전을 스룹바벨이 재건하였다. 예수님은 헤롯이 건축한 성전을 헐고 자신이 3일 만에 성전을 짓겠다고 하셨다. 또한 고린도전서 6장 19절에는 우리 몸이 성령의 전이라 하였다.

성경에서 성전을 짓는 일은 매우 중요한 사건이다. 성전 건축은 이스라엘의 중요한 상황 속에서 이루어졌다. 그런데 시대가 바뀌면서 성전의 모양도 바뀌게 되었다. 성막으로 시작된 성전은 솔로몬에 의해 성전으로 지어졌고 예수님의 부활을 통해서 성전의 모습이 바뀌게 되었다. 그리고 사람의 몸이 성령을 통하여 성전이 되었다.

나의 교회 특성화 이야기는 건강한 교회를 세우기 위함이다. 이제 교회를 세우는 것은 교회 건물을 짓는 것만을 의미하지 않는다. 교회 건물을 짓는 것도 교회를 세우는 것이고 한 사람을 하나님의 사명을 맡은 자로 세우는 것도 교회를 세우는 일이다. 예배 찬양 사역자를 세우는 비전을 통하여 '찬양 – 성령 – 말씀'으로 변하여 '새 사람'을 세우는 것도 교회를 세우는 일이다. 예배 찬양 사역자를 세우는 것이 교회를 세우는 일이다.

예배 찬양 사역자 100명을 세우는 일은 교회를 건강하게 세우기 위한 마음에서 출발해야 할 것이다. 그리고 예배 찬양 사역자를 통하여 건강한 교회로 세우는 일이 우리 교회에만 국한된 사역이라 생각하지 않는다.

우리 교회의 비전을 다른 교회들과 나누고 싶다. 다른 교회들도 학생들에게 악기를 가르쳐서 예배 찬양 사역자로 세우고 그 속에서 다음 세대 하나님 나라의 일꾼이 많이 배출되는 과정을 통해 함께 이 땅의 교회를 세워가고 싶다. 교회 학교 오케스트라를 세우는 교회 특성화 전략이 다른 교회들에게도 적용되어 한국 교회를 건강한 교회로 세워가는 꿈을 꾸고 있다.

Part 05.

비전의 나눔

01
.
.
.

도움 받은 교회에서 도와주는 교회로

개척 교회를 시작해서 10년을 목회해보니 목회는 혼자 하는 것이 아니라는 생각을 하게 되었다. 목회는 누군가의 도움을 받아야 가능하다. 우선 목회는 하나님의 도움을 받아야 가능하고 또한 목회는 사람들의 도움도 받아야 한다. 목회자는 성도들의 사랑과 도움으로 목회를 하는 것이다. 그래서 목회는 목회자의 힘만으로 가능하지 않다. 내 경우 내가 혼자 잘 나서 목회를 하는 것이 아니었다.

미자립 교회에 부임해서 지금까지 너무나 많은 도움을 받았다. 여러 교회로부터 선교비를 받았고 교회가 전세로 이전할 때는 지방의 여러 교회로부터 큰 사랑의 빚을 졌다. 그 도움이 지금의 우리 교회를 있게 했다. 물론 이는 내가 목회하면서 갚아야 할 빚이다.

로마서 13장 8절 말씀에 피차 사랑의 빚 외에는 아무에게든지 아무 빚도 지지 말라고 하였다. 사랑의 빚이라고 갚지 않아도 된다는 의미가 아니다. 자녀는 부모에게 받은 사랑의 빚을 부모에게 다 갚지 못해도 부모가 되어 자신의 자녀를 사랑하는 것으로 부모로부터 받은 사랑의 빚을 갚는다.

작은 교회를 돕는다면 내가 받은 사랑의 빚을 조금이나마 갚는 길이라 생각했다. 작은 교회를 도울 수 있는 방법이 없을까 생각하던 중에 하나님이 주신 우리 교회 비전을 작은 교회들과 나누는 것도 사랑의 빚을 갚을 수 있는 좋은 방법이라 생각했다.

우리 교회 비전이 예배 찬양 사역자 100명을 세우는 것인데 이 비전을 다른 교회와 나눌 때 우리 교회보다 먼저 예배 찬양 사역자 100명을 세우는 교회도 나올 것이라 생각했다.

02

. . .

교회 비전팀 구성

교회의 비전을 다른 교회들과 나누기 위해서는 그들에게 보여줄 팀이 필요했다. 교회 비전을 말로 설명하는 것보다 팀으로 결과를 보여주는 것이 더 빠르고 확실한 방법이라 생각했다. 그래서 교회 예배 반주자로 세워진 학생들을 중심으로 팀을 만들기로 하였다. 바이올린 4명, 첼로 2명, 비올라 1명으로 구성된 비전 팀이 이루어졌다. 교회 비전을 다른 교회에 나누기 위해서는 먼저 비전 팀이 연주할 수 있는 찬양 곡들이 준비되어야 했다. 그래서 우리가 연주할 수 있는 찬양 6곡을 준비해서 2박 3일 비전 찬양 캠프를 계획했다. 2박 3일 합숙 훈련을 통해 준비한 6곡을 다른 교회에서 연주할 수 있게 만든다는 목표를 가지고 강화에 있는 강남교회로 비전팀을 이끌고 비전 캠프를 떠났다.

비전 캠프는 월요일에서 수요일까지 2박 3일의 일정으로 진행되었고 2박 3일 동안 집중적으로 준비한 찬양 6곡을 연습했다. 그렇게 준비해서 연습한 찬양을 캠프 마지막 날인 수요일 저녁 예배 때 캠프

장소인 강남 교회에서 발표할 기회를 가졌다. 비전 팀은 찬양 6곡을 연주하고 나는 설교를 통하여 우리 교회의 비전을 설명할 수 있었다. 비전 캠프로 인해 이제 우리 교회 비전 팀이 다른 교회들과 교회 비전을 나눌 수 있는 계기를 마련하게 되었다.

비전 캠프를 마치고 돌아와서 교회 비전을 나눌 교회를 찾았다. 아내가 결혼하기 전까지 성민 교회를 섬겼는데 성민 교회 목사님께 부탁을 드렸더니 교회의 비전을 나눌 수 있도록 비전팀을 초청해 주셨다. 우리 교회 비전 팀을 이끌고 성민 교회 주일 오후 예배에 참석하게 되었다. 비전 팀은 여름 찬양 캠프에서 연습한 6곡을 발표했고 나는 설교를 통해 우리 교회 비전을 나누게 되었다. 성민 교회와 두 번째 비전 나눔을 가진 후에 예배 찬양 사역자를 세우는 교회 비전을 더 많은 교회와 나누는 길이 열려졌다.

03
송내교회와 비전 나눔

비전 팀을 이끌고 다른 교회들과 비전 나눔을 갖고서 연합의 중요성을 깨닫게 되었다. 우리 교회 예배 찬양 사역자가 100명 되는 일도 중요하지만 꼭 우리 교회 예배 찬양 사역자 100명이 아니더라도 다른 교회 찬양 사역자들과의 연합으로 100명을 이루는 것도 하나님이 기뻐하시리라 생각했다.

다른 교회 관현악 앙상블과의 연합을 통해 찬양 사역자 100명을 이루어 하나님을 찬양하는 또 다른 목표를 가지게 되었다. 그리고 함께 연합할 수 있는 교회를 찾아보았다. 우리 교회는 아직 작은 교회였으므로 큰 교회와 연합하는 것은 쉽지 않을 것이라 생각했다.

서산에서 목회하고 있는 외사촌 형이 생각났다. 내가 어릴 적에도 외사촌 형은 음악에 관심이 많았고 악기도 잘 다루었던 것으로 기억된다. 그리고 외사촌 형은 피아노 조율 자격증까지 있어 교회 피아노를 직접 조율한다고 하니 교회 음악에 대한 관심이 남다를 것이라 생각되었다. 그리고 예전에 내가 외사촌 형이 목회하고 있는 송내교회를 방문했을 때 교회에 바이올린이 비치되어 있는 것을 본 기억이 있고 해서 그 교회와 연합을 시도해 보기로 하고 연락을 하게 되었다.

송내교회는 바이올린을 하는 학생들이 5명, 첼로 하는 집사님 1분, 사모님을 비롯해 플롯이 3명, 클라리넷을 하는 학생도 1명이 있었다. 우리 교회와 송내교회 두 교회만 연합해도 우리 교회 비전 팀 혼자서 하는 것보다 훨씬 더 멋진 연주를 할 수 있을 것 같았다.

이런 기대 속에 2013년도 제2회 겨울 비전 캠프는 서산동지방 송내교회에서 그 교회 앙상블 팀과 연합으로 이루어졌다. 비전 캠프를 시작하여 개회 예배를 참석한 두 교회가 모든 악기로 하나님을 찬양하며 예배하였다. 그리고 송내교회에서 2박 3일 간 숙식을 하며 준비한 곡을 두 교회가 함께 연습했다. 그리고 마지막 날에는 인근의 요양병원을 방문해서 비전 캠프에서 열심히 연습한 곡들을 연주하는 뜻 깊은 시간을 가졌다.

송내교회는 시골 교회로 많은 성도가 모이는 교회는 아니지만 교회 역사가 100년이 넘은 교회이다. 전통이 깊은 교회답게 성도들의 신앙 자세가 깊이가 있어서 캠프를 하는 동안 우리 교회가 송내교회에서 많은 것을 보고 배울 수 있는 뜻 깊은 시간이었다. 송내교회의 섬김을 통해 제2회 겨울 연합 비전 캠프는 더욱 은혜롭게 마칠 수 있었고 그 후로 송내교회는 매 번 연합 비전 캠프에 참여하며 우리 교회와 연합을 이어가게 되었다. 도시 교회와 시골 교회의 교류를 여는 차원에서도 송내교회와의 연합은 큰 의미가 있었다.

04

·
·
·

청년부를 중심으로

대학교 때부터 가깝게 지내는 목사님이 B교회에서 목회를 하고 계셨다. 전부터 우리 교회에서 하는 바이올린 교실에 관심을 가지고 있었지만 비전을 함께 나눌 기회를 갖지 못했다. 그러다가 제 2회 비전 캠프를 마치고 돌아왔을 때 B 교회 목사님으로부터 연락이 왔다. 이때가 그 목사님이 개척을 해서 목회한지 5년 정도 지난 시점이었다. 교회를 개척해서 5년이 지나면 교회에 어떤 변화가 필요한 시점이다. 그 목사님도 B 교회를 개척해서 5년이 지났는데 특별한 변화가 없어서 변화를 위한 돌파구를 찾는 것 같았다.

나와 통화를 하면서 우리 교회 비전 팀에 도전을 받은 B 교회 목사님은 교회와 협의를 통해 바이올린 교실을 시작하기로 결정했다. 그리고 우리 교회 비전 팀을 초청했고 나는 비전 팀을 이끌고 B 교회 주일 오후 예배에 참석해서 비전 팀이 찬양 연주를 하고 내가 설교를 하면서 우리 교회의 비전을 B 교회와 나누게 되었다.

비전 나눔이 있은 후에 B 교회는 전공자를 초빙해 바이올린 교실을 시작했다. 그리고 우리 교회의 비전 나눔을 바탕으로 바이올린 교실과 별도로 비올라와 첼로도 구입해서 청년부를 중심으로 현악 앙상블을 만들게 되었다.

그해 여름에 우리는 제 3회 연합 비전 캠프를 서산에 있는 송내교회에서 열게 되었는데 B 교회 청년들로 구성된 현악 앙상블 팀이 참여하였다. 세 교회가 연합하여 캠프를 진행하게 되었다. 세 교회의 연합으로 인원이 늘어나니 더 많은 은혜와 감동을 경험하고 나눌 수 있었다. 그 후로 B 교회는 여선교회 회원들도 악기를 배우는 일에 참여하는 등 바이올린 교실이 활성화 되었다. B 교회와의 비전 나눔으로 그 교회에 새로운 변화를 주게 되었다고 생각한다. 그 후로도 B 교회는 제 4회 연합 비전 캠프에도 참여하면서 계속해서 비전 나눔에 동참하며 연합하는 교회가 되었다.

05

학원 레슨과 교회 레슨의 차이

제 3회 연합 찬양 캠프를 마치고 후 가을로 접어들 때 쯤 고등학교 동창을 만나게 되었다. 그 친구는 인천 중구에 위치한 C 교회 교인인데 그 친구로부터 그 교회의 형편을 듣게 되었다.

C 교회가 개척된 지는 6년쯤 되었고 그 동안 교회는 다양한 프로그램을 진행하면서 목회와 접목시키려고 했던 것 같았다. 학생들에게 영어를 가르치는 영어 교실도 해 보았고, 피아노 교실을 운영하면서 드럼과 기타 등 여러 악기들도 가르쳤다고 하니 학원 선교에 관심이 있어 보였고 특히 악기 쪽에도 많은 관심이 있어 보였다.

이러한 사역들이 뚜렷한 성과를 가져오지 못한다고 생각하여 이제 교회 개척 6년 차에 접어들면서 새로운 변화를 시도하려고 한다는 것이었다. 친구가 생각하고 있는 변화로는 지역 주민 전도를 목적으로 교회 카페를 운영할 계획이라고 했다. 교회 예배실은 상가 건물 지하에 있고 교육관과 사택이 상가 건물 2층에 있는데 친구 생각에는 교회 건물 1층을 빌려 카페를 했으면 한다고 했다.

교회 카페를 만들려는 계획이 아직은 친구 개인적인 생각인 듯했고 그 교회가 학원 선교와 음악에 관심을 가지고 있어서 우리 교회에서 하는 바이올린 교실을 해 보면 어떻겠냐고 친구에게 제안하였다.

작은 교회가 카페를 운영하면 여러 가지 어려움이 따른다고 생각한다. 큰 교회에서 운영하는 카페는 많은 교인들이 이용하고 지역 주민들도 크게 부담되지 않고 이용할 수 있지만 작은 교회 카페는 사람들이 출입하기를 꺼려하는 경향이 있다고 본다. 왜냐하면 사람들은 작은 교회의 카페가 전도의 목적으로 운영된다고 생각하기 때문이다. 그들은 작은교회 카페에 들어가면서 전도되는 부담을 갖게 된다. 작은 교회가 어떤 목적으로 카페를 운영하더라도 그 카페를 바라보는 믿지 않는 사람들의 처음 생각은 크게 다르지 않을 것이라 본다. 그래서 전도를 목적으로 작은 교회가 카페를 운영하는 것은 교회 성장의 목적을 이루기가 어렵다고 생각한다.

그리고 지금은 교회에서 운영하는 카페가 아니더라도 주변에 너무나 많은 카페들이 있기 때문에 특히 작은 교회는 특별히 차별화된 내용을 가지고 카페를 운영하지 않는다면 교회 카페를 통해서 기대하는 결과를 얻기가 쉽지 않을 것이라 생각한다. 물론 카페에 대한 사람들의 관심이 점점 높아지고 있기에 누군가가 교회 카페를 통한 비전을 가지고 교회 특성화를 이루어서 건강한 교회를 만드는 길을 제시해 주면 좋겠다.

친구에게 나의 이러한 개인적인 생각들을 들려주고 우리 교회 비전을 이야기해 주었다. 그리고 교회에서 바이올린 교실을 적용해 보는 것이 어떨지 생각해 보라고 했다. 그 친구는 교회와 의논한 후에 내게 연락을 했고 나는 따로 그 교회 목사님과 사모님을 만나서 우리 교회 비전을 상세하게 설명하는 시간을 가졌다.

그 후에 C 교회에서 우리 교회 비전 팀을 초청하였고 C 교회 주일 오후에 찬양 예배를 드리게 되었다. 나는 설교를 통해 예배 찬양 사역자를 세우는 교회 비전을 그 교회 성도들과 나누게 되었다. 그렇게 그해 12월에 C 교회 바이올린 교실은 시작되었다. C 교회 바이올린 교실 레슨 선생님으로는 우리 교회에서 바이올린 레슨을 하시는 선생님을 보내 드리게 되었다.

우리 교회 레슨 경험이 있는 선생님이 처음 바이올린 교실을 시작하는 교회로 가시면 새롭게 시작하는 교회가 효과적으로 바이올린 교실을 운영하는데 도움이 되리라 생각해서였다. 또한 교회 바이올린 레슨은 개인 레슨과 달리 그룹 레슨이면서 특수한 레슨이기 때문에 바이올린을 가르치는 선생님이 교회의 비전을 어느 정도 이해해야 한다고 생각했다.

C 교회는 교회에서 학원 선교를 위해 여러 프로그램을 운영했던 경험이 있었기 때문에 C 교회가 바이올린 교실을 시작할 때 교회

바이올린 교실을 음악 학원처럼 운영하지 말라고 당부했다. 내가 보는 현악기란 고급 악기이다. 현악기를 고급 악기라 말하는 것은 현악기는 아무나 할 수 없는 악기라고 생각하기 때문이다. 음악학원에서 현악기를 배우려면 돈이 많이 들기도 하지만 지속적으로 오래 동안 현악기를 배우는 것이 어렵다.

현악기를 배울 때 처음에는 모두가 매력이 있어 하지만 1년이 지나면 배우는 난이도가 어려워지는데 그 고비를 넘기지 못하고 포기하는 경우가 많다. 또한 현악기는 5-6년 배워도 연주할 기회가 주어지지 않기 때문에 전공자가 되려고 하지 않는 사람은 그 이상 지속하는 것도 쉽지 않다.

내가 C교회에 바이올린 교실을 사회 음악 학원처럼 운영하지 말라고 한 것은 현악기의 이러한 습성을 이해하고 고비 때 마다 잘 극복해 나가야 한다는 의미에서였다. 교회의 바이올린 교실은 악기를 배우기 시작한 학생이 끝까지 악기를 포기하지 않게 하는 것이 중요하다.

우리 교회 학생들도 처음에 바이올린을 배울 때는 흥미를 느끼고 열심히 한다. 그런데 점차 레슨이 어려워지면 배우는 것을 포기하려고 한다. 그래서 우리 교회 바이올린 레슨 방법 중에 5분 악기 배우기 운동이 있다. 이 운동은 악기를 배우기 싫어하는 학생들도 포기하지 않고 끝까지 하자는 의미에서 시작한 것이다. 나도 학생부 때 중등부가 되어서 성가대에 서지 않으려고 도망 다녔던 경험이 있기에 악기를 끝까지 배우려고 하지 않는 아이들의 마음도 잘 이해한다. 솔직히 나는 교회 바이올린 교실에서 악기를 잘 가르치지 않아도 된다고 생각한다. 다만 끝까지만 하게 하면 된다. 교회에서 학생들에게 바이올린을 가르치는 목적이 악기를 잘 다루게 하는데 있지 않다.

우리 교회 비전 팀도 실력이 좋지 않다. 우리 교회 바이올린 레슨은 바이올린 교재 스즈키 1권을 넘기지 않는다. 우리 교회 바이올린 교실에서 바이올린을 배운지 7년이 지나도 바이올린 교재 1권을 끝내 지 못한 학생들도 많다. 우리 교회는 바이올린을 가르치면서 학생들 에게 왜 바이올린을 해야 하는지 설명하고 동기 부여를 한다. 내가 악기를 배워 무엇을 할 것인가에 대한 동기 부여가 될 때 현악기 배 우는 것을 오래 지속할 수 있다. 그래서 우리 교회는 악기를 가르쳐 어느 정도 실력만 되도 예배 반주자로 세우려고 했다.

그것으로 바이올린 교재로 하는 레슨은 끝나고 그 후엔 찬양을 하기 위해 연습하는 찬송가가 바이올린 교재가 되는 셈이다. 이에 부정적으로 생각하시는 분들도 계시지만 교회에서 악기를 배워서 전공하는 것이 목표가 아닌 학생들이라면 바이올린 교재로 연습만 할 것이 아니라 어느 정도 되면 연합하여 합주로 찬양을 드리게 하는 것도 괜찮다고 생각한다.

우리 교회 비전은 악기를 배우는 것이 예배를 드리고 말씀을 듣고 성령을 받고 변화되어 사명을 받고 삶의 자리에서 하나님 나라 일꾼이 되어 하나님 나라를 세워가고 하나님께 영광을 돌리게 하는데 있다. 그러니 바이올린을 잘 연주하도록 시키겠다고 아이와 싸워 교회를 떠나게 하는 일이나 바이올린 교재 진도 따라가는 것이 어려워 악기 배우는 것을 포기하게 만드는 것은 교회 바이올린 교실의 목적과도 맞지 않는 일이다.

C 교회는 학원 선교에 열정이 대단하여서 바이올린 교실에 대한 열심히 있었다. 나는 그 교회가 바이올린 교실을 시작한지 3개월 후에 C 교회를 방문했는데 그날 바이올린 교실에 참석한 아이들이 15명이나 되었다. 그날 빠진 학생들까지 하면 20명도 넘는다고 하였다. 나는 악기를 배우는 아이들을 보면서 이 아이들이 모두 악기를 포기하지 않고 끝까지 배우게만 된다면 C 교회에 큰 희망이 될 것이라 생각하니 그 이상 바랄 것이 없었다.

06

관현악 앙상블 레슨

D 교회는 우리 지역에서 개척하여 모범적으로 성장한 교회이다. 제 3회 연합 비전 캠프를 마치고 한 달쯤 지나서 D 교회 목사님을 만나 우리 교회 비전을 나누게 되었다. 그 후에 D 교회로부터 주일 오후예배에 초청을 받게 되었다. 예배를 드리면서 우리 교회 비전 팀이 준비한 찬양을 연주하였고 나는 설교를 통해 교회의 비전을 나누었다.

D 교회 바이올린 교실은 처음부터 관현악 앙상블 팀을 구성해서 시작하였다. 바이올린 4명, 비올라 2명, 첼로 1명, 플룻 2명이 모여 팀을 만들었다. 그리고 우리 교회에서 주일에 레슨하시는 최불휘 선생님이 D 교회 앙상블 팀을 지도해 주셨다. 대부분의 단원들이 현악기를 처음 배우는 것이었지만 D 교회 앙상블 팀은 최불휘 선생님의 탁월한 지도하에 2개월이 채 지나지 않아서 주일 예배 특별 찬양을 드릴 수 있게 되었다.

D 교회처럼 학생부나 청년부를 중심으로 처음부터 관현악 앙상블을 구성해서 레슨을 시작하는 것이 좋은 사례가 되고 있다. 교회 오케스트라는 악기를 전공하기 위한 목적에 있지 않고 성가대처럼 하나님을 찬양하는데 있기 때문에 팀을 이루어서 레슨을 시작하는 것이 가능하다.

교회에서 앙상블을 구성해서 현악 교실을 시작하려면 바이올린 교실과는 달리 앙상블을 지도해줄 선생님이 필요하다. 그런데 바이올린 교실에서 바이올린을 지도해줄 선생님을 많이 계시지만 앙상블을 지도해 줄 선생님은 많지 않다. 앞으로 교회 오케스트라 사역이 확장될 수 있도록 교회 앙상블을 지도할 수 있는 선생님이 많이 세워져야 할 것이다. 음악을 전공한 선생님들은 조금만 관심을 가지면 교회 앙상블을 충분히 지도하실 수 있을 것이라 생각한다.

예배 찬양 사역자를 세우는 비전은 교회 오케스트라를 형성하는 특성화로 나타난다. 교회 오케스트라는 관현악 앙상블이라고 보면 된다. 작은 교회는 바이올린 교실에서부터 시작해서 현악 앙상블을 구성하는데 작은 교회는 앙상블을 지도해줄 선생님을 모시는 것이 쉽지 않다.

비전을 함께 하는 교회들이 모여 교회 연합 오케스트라를 창단하게 되었다. 교회 오케스트라 연합을 통하여 교회 앙상블에 관심을 가진 지도자들을 양성할 수 있고 각 교회의 앙상블 팀들이 필요로 하는 부분에 도움을 주면서 작은 교회 관현악 팀의 운영을 돕고 모든 교회 오케스트라가 함께 발전하고 성장해 나갈 수 있을 것이다.

그런 취지하에 2014년 1월 D 교회에서 제 4회 연합 비전 캠프가 개최되었다. 앙상블을 지도하는 선생님이 없는 교회들은 최불휘 선생님을 통하여 앙상블의 지도를 경험하는 시간을 가졌다. 여기에는 송내교회, B 교회, D 교회를 비롯하여 일곱 교회가 참여하였고 최불휘 선생님의 지도하에 일곱 교회 70여명이 연합 찬양 캠프를 통해 관현악 앙상블 레슨을 받았다. 그리고 우리 교회 비전 팀은 2014년도 한 해 동안 D 교회 앙상블 팀과 지속적으로 연합하여 연습을 했다. 그로 인해 교회 간의 교제와 더불어 양 팀의 실력도 향상되는 결과를 가져왔다.

그리고 두 교회 관현악 앙상블이 연합하여 2014년 12월 24일 성탄 축하 음악회를 D 교회에서 개최하였다. 이처럼 D 교회는 관현악 앙상블을 구성해서 관현악 앙상블을 지도해 주시는 선생님에 의해 레슨을 받아 운영이 되었는데 이는 우리 교회 비전 나눔의 새로운 사례가 되었다.

바이올린 전공자 파송

　제 5회 비전 캠프는 '비전 관현악 페스티벌'로 개최되었는데 E 교회 는 비전 관현악 페스티벌에 참여한 7개 교회 중 가장 인원이 적은 팀이었고 전공한 바이올린 선생님의 레슨을 받지 않는 유일한 교회였다.

　바이올린 선생님을 모시고 싶어도 교회가 개척된 지 오래지 않아 그럴 형편이 되지 못했다. 비전 관현악 페스티벌을 마치고 우리 교회 비전을 E 교회와 함께 나눌 방법을 모색했다. E 교회는 전공한 바이 올린 선생님의 레슨을 받지 못하고 있기 때문에 바이올린 전공자를 E 교회에 보내줘서 학생들이 전공자를 통하여 바이올린 레슨을 받게 하는 것이 좋을 것 같았다.

　생각은 좋았지만 우리 교회가 레슨비를 부담하면서 E 교회에 바이 올린 선생님을 보내주기에는 우리 교회도 그만한 여력이 되지 않았다. 그런데 기도하는 중에 우리 교회 레슨 선생님을 E 교회로 파송하면 되겠다는 생각이 들었다. 그 때 우리 교회는 토요일 바이올린 레슨을 해 주시는 선생님이 계셨고 주일에 레슨을 해 주시는 최불휘 선생님도 계셨다. 그래서 우리 교회 토요일 바이올린 레슨을 포기하고 대신 선생님을 E 교회로 보내 그 교회에서 레슨하도록 하였다. 우리 교회 레슨을 포기하면서까지 E 교회에 바이올린 전공자를 보내기로 한 것은 작은 교회는 바이올린 전공자가 있는 것과 없는 것의 차이가 크다는 것을 나 또한 작은 교회를 목회하면서 경험했기 때문이다.

수련 목회자 과정을 마치고 1월에 작은 교회에 부임했다. 그리고 그 해 4월 목사 안수를 받기로 되어 있었기 때문에 4월까지는 전도사로 목회를 시작했다. 빨리 4월이 되어서 목사 안수를 받고 목회를 하고 싶은 마음이 있어서 그런지 3개월이 무척 길게 느껴졌다. 그 3개월 기간에 나는 목사가 되어 목회를 하는 것과 전도사로 목회를 하는 것에는 큰 차이가 있음을 느꼈다. 어떤 사람들은 교회를 방문해서 예배를 드리고 교회 담임자가 전도사라고 하여 교회에 등록하는 것을 꺼리기도 했다. 지금은 주변에 교회도 많고 목사도 많아서 전도사가 담임하는 개척교회는 더욱 힘들 수 있다.

개척 교회에 부임한 나는 결혼을 하지 않은 상황이었기 때문에 결혼하기 전까지 1년을 사모 없이 목회를 했다. 그래서 사모가 있는 교회와 사모가 없는 교회의 차이를 피부로 느꼈다. 결혼하기 전 1년 동안 총각 목회를 하면서 부부가 같이 하는 식당만 봐도 그렇게 부러울 수가 없었다. 그 때는 식당이든 교회든 혼자 일하는 것을 보면 힘들게 보였다.

교회의 담임 목사는 목회자의 영적인 권위가 있어야 한다. 목회자의 영적 권위는 하나님이 세워 주시기도 하고 목회자의 능력에 따라 영적 권위가 나타나기도 한다. 때로는 교회의 조직이나 성도가 목회자의 권위를 세워 주기도 한다. 목회자의 권위를 세워줄 교인이 없고 교회 조직을 형성할 수 없는 대부분의 작은 교회는 스스로 자신의 권위를 세워 나갈 수밖에 없다.

작은 교회 담임 목회자도 영적인 권위가 필요한데 내가 전도사로, 사모도 없이 홀로 작은 교회에서 목회를 할 때는 영적인 권위를 세우기가 어려웠다. 스스로 영적인 권위를 세우는 것도 쉽지 않다는 것을 느꼈다. 작은 교회도 교회 안에서 목회자의 권위를 세워주는 성도가 있으면 좋겠는데 그럴만한 교인도 없었다.

그러던 중 바이올린을 전공한 선생님을 모시고 교회에서 바이올린 교실을 시작하게 되었다. 바이올린 선생님은 토요일에 한번 교회에 와서 학생들에게 1시간 동안 레슨을 하셨다. 그런데 전공한 바이올린 선생님이 일주일에 한번 교회에 와서 한 시간 학생들을 가르치는 것인데도 목회자의 권위가 달라지는 것을 느낄 수 있었다. 바이올린 선생님을 교회에 모신 후로 교회 안과 밖에서 나를 보는 눈이 달라지는 것을 느낄 수 있었다.

우리 교회에 토요일에 한번 바이올린 선생님이 온 것으로도 작은 교회에 유급 직원이 생기게 된 것이다. 이 일로 나는 작은 교회에 유급 직원이 있는 것과 없는 것의 차이를 느끼게 되었다. 작은 교회에 유급 직원이 생김으로 인하여 목사의 권위가 세워지게 되었다. 월세를 내는 상가에 있는 작은 교회에 유급 직원이 있다는 것에 사람들은 놀라워하며 교회와 목사를 다르게 보았다. 유급직원이 있다는 것 자체가 목사의 권위를 세워주고 있다는 것을 느꼈다. 그리고 그것은 작은 교회 목사인 나에게는 큰 힘이 되었다.

그 때부터 작은 교회도 유급 직원이 필요하다고 생각했다. 작은교회도 유급 직원이 있으면 더 빨리 성장할 수 있을 것이란 생각을 하게 되었다. 어느 때부터인가 교회는 평신도 사역자의 중요성을 인식하고 교회마다 자체적으로 평신도 사역자를 세우는 일에 전념하고 있다. 작은 교회야 말로 평신도 사역자가 필요한데 작은 교회는 평신도 사역자를 자체적으로 세우는 일이 여간 힘든 일이 아니다. 우리 교회도 개척해서 10년이 되었지만 아직 교사 한명도 배출하지 못했으니 작은 교회가 자체적으로 평신도 사역자를 세운다는 것은 쉽지 않은 일이다.

작은 교회일수록 교회 비전을 가지고 목회를 할 때 평신도 전문 사역자의 도움이 절실하다. 공부방을 운영한다면 목회자가 직접 가르치는 것 보다 학원 강사가 일주일에 한 시간만 시간을 내어 도와주어도 교회 비전을 이루는데 큰 도움이 될 것이다. 작은 교회는 평신도 사역자를 스스로 세우는 것이 힘드니 유급 직원을 두면 교회의 비전을 이루는데 더 효과적일 수 있는 것이다.

자원 봉사자를 쓸 수도 있겠지만 자원 봉사자는 오랫동안 지속할 수 없다는 단점이 있다. 교회의 비전은 꾸준히 하는 것이 생명인데 이들이 오랫동안 함께 하지 못하면 목회자의 비전을 잘 돕지 못하게 된다. 따라서 큰 교회가 작은 교회를 지원할 때 작은 교회의 비전을 살펴보고 비전을 도와줄 수 있는 전문 사역자를 필요한 시간에 지원해 주는 것도 좋은 선교 사업이 될 것이라 생각한다.

어느 지역에서는 큰 교회에서 미자립 교회에 교인을 파송해서 작은 교회를 지원하는 선교 사업이 시행되고 있는데 이 때 교인을 파송하는 작은 교회 담임 목사의 비전을 이해하고 그 비전을 도울 수 있는 전문 사역자들을 보내주면 작은 교회와 목회자에게 더 큰 유익이 되리라 생각한다.

비전이 분명하지 않은 작은 교회를 돕는 방향으로 성장하는 교회의 비전을 심어주는 선교도 필요할 것 같다. 큰 교회는 여러 방면에서 운영이 잘 되고 있는 프로그램들이 있을 것이다. 그 중에 작은 교회에 적용할 수 있는 하나의 프로그램을 특성화시켜서 프로그램 운영자와 스텝들을 작은 교회에 파송해서 비전을 심어주고 특성화된 프로그램이 잘 정착될 수 있도록 도와주면 이 일을 통해 충분히 작은 교회도 건강한 교회로 성장해 나갈 수 있다고 본다.

큰 교회도 일꾼은 부족하다. 작은 교회를 지원해 줄만한 여력이 없다. 우리 교회가 E 교회에 바이올린을 전공한 전문 사역자를 보내고자 할 때 우리 교회 일꾼도 부족했고 재정도 부족한 상황이었다. 그래도 어떻게 해서든지 도울 방법을 모색하던 중에 하나님은 우리 교회 주일 레슨과 토요일 레슨 중에 하나만 포기하면 E 교회에 전문 사역자를 보낼 수 있지 않겠냐고 하셨다. 그래서 우리 교회 토요일 바이올린 레슨을 포기하고 선생님을 E 교회에서 토요일 바이올린 레슨을 하실 수 있게 파송하게 된 것이다. 이 일을 통해서 선교와 나눔은 넉넉하다고 되는것이 아니라 내 것을 포기한 만큼 선교하고 나눌 수 있다는 것을 깨닫게 되었다.

작은 교회 일수록 교회의 비전이 분명해야 하고 교회 비전을 돕는 전문 사역자가 필요하다. 평신도 전문 사역자의 필요성은 목회자의 자질의 문제 이전에 모든 일이 세분화되고 전문화되는 시대적인 요청이라 생각한다. 작은 교회도 목회의 비전이 분명하고 비전을 도울 수 있는 전문성을 지닌 인력이 있다면 작지만 건강한 교회가 되는데 매우 효과적일 수 있을 것이다.

그런 점에서 예배 찬양 사역자를 세우라는 교회 비전을 E교회와 나누기 위해 우리 교회가 비전 관현악 페스티벌을 성공적으로 마치고 바이올린 전공자를 E 교회에 파송한 것은 매우 의미 있는 일이라 여겨진다.

08
.
:
.

F국 선교팀의 교회 방문

몇 해 전에 F 국에서 선교하시는 선교사님이 현지 자매들로 구성된 선교팀을 이끌고 한국에 오셨다. 우리 교회에 와서 선교 보고를 하시겠다는 연락을 받았다. 처음에는 작은 교회에 오시라고 하는 것이 미안해서 거절했지만 계속되는 요청에 선교사님과 선교팀을 초청해서 주일 오전 예배를 드리게 되었다.

선교사님의 선교 보고 전에 선교팀 자매들이 몸 찬양으로 하나님께 영광을 돌렸다. 자매들이 찬양을 하러 앞으로 나가면서 자리에 신발을 벗어 놓고 맨 발로 나가 몸 찬양을 드렸는데 나는 그들의 찬양과 열정에 큰 감동을 받게 되었다.

선교팀 자매들의 찬양과 선교사님의 말씀으로 예배를 은혜가운데 마치고 교회에서 준비한 점심을 같이 먹게 되었다. 그런데 선교팀의 자매 중에 한명이 식사 자리에서 계속 눈물을 흘리며 식사를 하지 못하고 있었다.

　선교사님께 왜 그 자매가 눈물을 흘리는지 여쭈어 보았다. 선교사님이 하시는 말씀이 우리 교회 학생들이 예배때 악기로 연주하는 것에 너무 감동되어 눈물이 그치지 않는 것이라 하셨다. 자신들은 자유롭게 찬양하고 예배를 드리지 못하는데 이곳의 학생들은 마음껏 찬양하고 예배하는 모습이 부러웠다는 것이다.

　선교사님은 식사 후에 자신이 선교하는 곳에서도 학생들에게 악기를 가르쳤으면 좋겠다고 말씀하셨다. 자신이 악기를 다루지 못하기 때문에 악기를 가르치는 사역자들이 선교지에 들어와서 선교를 도우면 좋겠다고 하셨다. 드러내 놓고 예배를 드릴 수 없는 선교지에서 악기로 찬양하는 것을 배우면 큰 도움이 될 것이라 하셨다.

　선교사님과의 만남을 통해 예배 찬양 사역자를 세우는 교회 비전이 한국의 교회에서 나누는 것뿐만 아니라 세계를 향한 선교가 될 수 있겠다는 생각을 하게 되었다. 하나님이 예배 찬양 사역자를 통해서 하나님 나라 일꾼을 세우는 일은 한국뿐만 아니라 어느 나라에서도 동일하리라 생각했다. 어떻게 하면 교회 비전을 통해 세계 선교를 도울 수 있을까 기도하며 계획을 해 보았다.

　지금까지의 경험을 바탕으로 단기 선교를 통해 그곳의 학생들을 모아서 앙상블 팀을 만들고 악기를 준비해 주고 기본적인 레슨을 통해 찬송가를 파트로 나눠서 연주할 정도는 가능할 것이란 생각이 들었다.

그 후에 선교에 비전이 있는 전공자들이 단기 선교로 선교지에 들어가서 팀을 지도해 주고 관리해 주면 계속해서 실력을 향상시킬 수 있고 끝까지 유지할 수 있게 될 것이라 생각한다.

세계 곳곳의 선교지에 관현악으로 하나님을 찬양하는 예배 찬양 사역자들이 세워질 모습을 생각하니 우리 교회 비전팀의 찬양하는 모습을 보고 눈물을 흘린 F국 선교팀의 자매처럼 내 눈 시울이 붉거졌다. 멀지 않아 한국 교회뿐만 아니라 세계 각 곳의 선교지에서 관현악을 통해 예배 찬양 사역자를 세우는 일이 활발하게 이루어져서 많은 예배 찬양 사역자들이 세워지고 그들 모두 하나님 나라의 일꾼으로 쓰임을 받는 역사가 전 세계적으로 확대되기를 기도한다.

09

패밀리 오케스트라 연주회

최불휘 선생님이 2011년에 G 교회에서 교회 패밀리 오케스트라의 지도를 맡게 되셨다. 페밀리 오케스트라는 학생과 성인으로 구성이 되었다. G 교회 패밀리 오케스트라는 2012년도 제 1회 정기 연주회를 시작으로 2014년 10월에는 효성중앙교회에서 제 3회 정기 연주회를 개최하게 되었는데 이 때 최불휘 선생님의 배려로 나도 비올라 주자로 연주회에 참여하게 되었다.

정기 연주회를 공연할 때에는 악기를 전공하고 있는 최불휘 선생님의 제자들이 와서 도와주었다. 나는 전공한 제자들과 연주회를 준비하면서 그들과 나의 실력이 하늘과 땅 만큼 차이가 나는 것을 피부로 느낄 수 있었다. 전공하는 제자들과 같이 연주를 하려니 나 같은 아마추어는 연주를 하면 안 될 것 같은 생각이 들었다.

교회 바이올린 교실을 통해서 배우는 학생들의 실력 또한 전공한 사람들에 비하면 비교도 안 될 정도로 실력 차이가 난다는 것은 웬만한 사람들은 다 알 것이다. 교회 성도들도 전공자의 찬양 연주를 듣다가 비전공자의 연주를 듣게 되면 큰 차이를 느끼게 될 것이다. 그렇기에 교회 안에 전공자들로 예배 찬양 사역자들이 세워지게 된다면 비전공자들이 교회 안에 설 자리가 없게 될 수 있다. 그렇게 되면 예배 찬양 사역자를 세우는 교회의 비전이 물거품이 될 수도 있을 것이다. 또한 이 비전을 통해 교회의 특성화가 된 교회 오케스트라 세우는 사역도 힘을 잃게 될 것이다.

과연 현악기는 전공자들만의 소유물인가. 현악기는 전공자들만이 연주할 수 있는 악기인가. 우리는 전공자들의 연주를 듣기만 해야 하는가. 정말 아마추어는 현악기를 연주할 수 없는 것일까.

G 패밀리 오케스트라 연주회를 통해서 그 열쇠를 발견했다. 아마추어들이 현악기를 연주할 수 있는 비결은 전공한 사람들의 마음에 있다고 생각했다. 우선 G 패밀리 오케스트라에서 전공한 제자들이 비전공자들과 함께 연주할 수 있었던 것은 최불휘 선생님이 계셨기에 가능한 일이었다. 즉 최불휘 선생님이 전공한 제자들과 비전공한 사람들과 연합해서 연주할 마음이 있었기 때문에 연주회가 이루어진 것이다. 이에 전공한 제자들이 비전공한 사람들의 실력을 받아들이고 함께 연주하고자 하는 마음이 있었기에 연주회를 잘 마칠 수 있었던 것이다.

역대상 25장에 다윗이 레위 자손 중에 288명을 세워 수금과 비파와

제금을 잡아 신령한 노래를 하게 하였을 때에 8절에 보면

"이 무리의 큰 자나 작은 자나 스승이나 제자를 막론하고 다같이 제비 뽑아 직임을 얻었으니"라고 하였다.

말씀에 보면 하나님을 찬양함에 있어서 스승이나 제자를 막론하고 제비 뽑아 직임을 얻은 것이다. 제비를 뽑았다는 것은 스승이나 제자의 구별 없이 하나님을 찬양하는 직임을 감당했다는 것이다. 성경은 스승이나 제자나 구별 없이 하나님을 찬양하라는 것이다. 하나님을 찬양하는데 스승과 제자의 구분이, 전공자와 비전공자의 구분이 필요할까. 나는 교회에서도 전공자나 비전공자가 구별 없이 서로 연합하여 하나님을 찬양하는 직임을 감당하는 모습을 보고 싶다.

예배 찬양 사역자를 세우라는 비전이 활발히 이루어지기 위해서는 하나님을 찬양하는 일에 이러한 사명을 가진 전공자들이 비전공자들을 인정하고 돕고자 하는 마음이 절실하다고 생각한다. 그렇게 된다면 현악기야 말로 이 시대의 가장 훌륭한 은혜의 수단이 될 수 있다고 본다. 이 시대에 하나님 나라의 일꾼을 세우는 하나님의 도구가 될 수 있다고 생각한다.

교회 오케스트라 세우는 사역을 잘 모르시는 분들은 사회에서도 현악기를 배우는데 비용이 만만치 않게 들기 때문에 염려하실 수 있다. 물론 교회 레슨도 전공자를 두고 레슨을 하려면 적지 않은 비용이 들기도 한다. 바이올린만이 아니라 첼로, 비올라, 플롯 등의 악기를 가르치려면 각각의 전공자를 두어야 하는데 이럴 경우에 교회로서는

적지 않은 부담이 될 것이다. 또한 악기를 구입하는 것도 큰 비용이 든다. 악기의 가격이 천차만별이니 전공자들이 쓰는 악기는 엄두도 못 낼 일이다. 그러니 교회 안에서 현악 교실을 할 때에는 어느 정도의 수준을 정해 놓을 필요가 있다.

우리 교회는 사모도 없고 교인도 없고 학생도 없는 상황에서 바이올린 교실을 시작했다. 처음에는 악기를 구입할 형편이 되지 않아 지인에게 중고 악기를 빌려서 서로 돌려가며 배웠다. 그렇게 해서도 10년을 멈추지 않고 예배 찬양 사역자 세우는 비전을 위해 걸어왔다.

교회 오케스트라를 세우는 사역에서 유념해야 할 것은 교회 음악의 목표가 악기 자체나 악기를 다루는 실력에 있지 않다는 점이다. 내가 중등부 때 교회 선배로부터 하나님을 찬양하기 위해 몇몇의 친구들과 기타를 배웠다. 함께 배운 친구들 중에 내가 기타를 제일 못 쳤는데 나중에 기타 치는 실력이 좋았던 친구들은 학교 밴드에 가입하면서 교회와도 멀어지게 되었다. 악기를 배우는 사람들은 악기를 다루는 실력이 향상되는 만큼 그에 따른 인정을 받는 큰 무대로 나아가고자 하는 유혹을 받는다.

처음에 작은 교회에서 악기를 배운 사람이 나중에 더 큰 교회로 옮겨가거나 다른 무대에서 활동하기 위해 교회와 떠나는 일이 얼마든지 발생할 수 있다. 물론 우리는 악기를 배워 찬양하면서 하나님의 사명을 받아 하나님의 일꾼이 되어 더 넓은 세계로 나아가도록 인도함을 받게 된다. 그럴 때에는 개인의 사심이 아닌 하나님의 뜻에 따른 것으로 교회와 모든 성도에게 기쁨이 되고 축복이 될 것이다.

교회 비전을 작은 교회들과 나누는 사역을 진행하면서 우리 교회가 작은 교회에 조금이나마 도움이 될 수 있기를 바란다. 그래서 우리 교회에서 악기로 훈련 받아 성장한 이들이 하나님의 뜻에 따라 교회를 옮기게 될 때에는 큰 교회로 가서 활동하기 보다는 우리 교회 보다 더 작은 교회로 가서 봉사하기를 희망한다. 이것이 교회적으로 이루어지면 작은 교회에 비전을 심어주는 일로 연결되고 악기를 통해 교회 간에 연합도 이루어지게 될 것이다.

악기를 배우는 교회 학생들에게 늘 강조하는 말이 있다.

"우리가 악기를 가지고 연주할 수 있는 최고의 무대는 하나님 앞이다."

교회의 규모와 모이는 인원에 상관없이 하나님 앞에서 찬양할 때가 가장 귀한 것임을 기억해야 한다. 내가 다녔던 교회 목사님께서 겸손하기 어려운 세 부류의 사람이 있다고 하셨다. 첫째는 부자가 된 사람이 겸손하기 어렵고 둘째는 많이 배워서 권력을 손에 넣은 사람이 겸손하기 어렵고 셋째는 예쁜 사람이 겸손하기가 어렵다는 것이다.

악기를 배워서 실력이 뛰어나다고 생각하는 이들이 교회의 규모와 모이는 인원에 상관없이 하나님 앞이 최고의 무대라 생각하고 찬양하며 예배하는 겸손의 모습을 잊지 않았으면 한다. 교회 학교 오케스트라를 세우는 사역이 단지 악기를 잘 다루는 사람을 만드는 것이 아니라 성령과 말씀으로 변하여 새 사람이 되고 하나님의 일꾼으로 성장시키는데 목적이 있다. 이 비전에 동참하고 하나님의 일꾼이 되어 왕 같은 제사장이 되고자 하는 이들은 하나님 앞에서 겸손한 마음을 끝까지 잃지 말아야 하겠다.

10

·
·
·

교회 연합 오케스트라 창단

하나님이 예배 찬양 사역자 100명을 세우라는 목회 비전을 주시고 교회 학교 오케스트라를 세우는 특성화를 이루어 비전을 이루어가게 하시는 것만으로도 감사한 일이다. 그런데 이 비전을 다른 교회와 나누게 되니 더 큰 하나님의 역사를 경험하게 되었다. 찬양의 비전 나눔을 통해 다른 교회와 연합하는 것이 활발하게 이루어졌다. 하나님은 찬양의 비전도 기뻐하시지만 찬양을 통해 교회가 서로 연합하는 것도 기뻐하셨다.

교회 학교 오케스트라를 세우는 특성화를 통해서 교회의 연합이 이루어졌다고 하는 것은 큰 의미가 있다. 특히 교회 학교 오케스트라를 통한 교회의 연합은 작은 교회들이 연합을 이룰 수 있다는 장점이 있다. 작은 교회들의 연합은 개 교회를 건강한 교회로 만들기도 한다. 개 교회 학생들이 작은 교회에서 경험할 수 없는 일들을 서로 연합함으로 경험하면서 더 성장할 수 있게 된다.

여러 교회들이 연합하여 연합 오케스트라 연주회를 개최하게 되었는데 이들이 연합하여 큰 하모니를 이룬다는 것은 실로 대단한 성과이며 학생들도 큰 무대를 경험함으로 한층 성장하는 계기가 되었다. 연합 오케스트라 활동은 하나님이 교회에 주신 예배 찬양 사역자 100명을 세우는 비전을 이루기 위해, 그리고 빚진 자로서 다른 교회들과 교회의 비전을 나누기 위한 중요한 사역이 되었다. 앞으로 F 국을 비롯하여 세계 속에 예배 찬양 사역자를 세우는 교회 비전을 나눌 수 있도록 기도할 것이다. 그리고 하나님께서 허락하신다면 세계 선교를 위해 선교지로 나아가 교회의 비전을 나눌 것이다.

전공자들과 비전공자들 간의 연합도 하나님이 기뻐하시는 일이라 생각하고 그들과 연합하여 하나님을 찬양하는 장을 마련하는 것이 교회가 앞으로 해야 할 일이라 생각한다. 이러한 비전을 통하여 다음 세대가 하나님의 사명을 받아 각 분야에서 하나님의 뜻을 이루어가는 하나님 나라의 일꾼이요, 왕 같은 제사장들로 세워지길 간절히 기도한다.

에필로그

쌍둥이 아들들이 7살 때 두발 자전거를 타고 싶다고 하여 형님 집에서 8살 조카가 타던 자전거를 빌려왔다. 두발 자전거를 보고 신이 난 아들들을 데리고 나가서 자전거 타는 것을 가르쳐 주었다. 두 녀석은 한 시간 넘게 자전거 타는 것을 배웠다. 쌍둥이가 자전거를 배우는 한 시간 동안 아들이 탄 자전거가 넘어지지 않도록 뒤에서 자전거를 붙잡고 뛰어야 했다. 그렇게 자전거를 붙들고 한 시간을 달린 후에는 더 이상 뛰지 못할 정도로 지쳐 버렸다.

그날 저녁은 아들들도 피곤했던지 일찍 잠에 들었고 나도 힘들어서 일찍 자려고 자리에 누웠다. 그 때 내 마음에 이런 생각이 들었다.

"내가 준비 되지 않은 채로 목사가 되어서 목회를 하겠다고 목회라는 자전거를 탔는데 하나님은 내가 탄 목회라는 자전거가 넘어지지 않도록 지금까지 내 뒤에서 붙잡아 주셨구나."

목회에 대해 전혀 준비가 없었던 내가 목회를 하겠다고 하셨을 때 하나님은 얼마나 불안하셨을까. 그리고 균형도 잡지 못하는 목회 자전거를 타고 달릴 때 하나님은 내가 넘어지지 않도록 내 목회를 붙들고 달리셨으니 얼마나 힘드셨을까. 그날 밤 몸은 피곤했지만 한동안 잠을 이루지 못하고 지금까지 나를 붙들어 주시는 하나님께 감사의 기도를 드렸다.

다음 날에도 아들들은 어린이집에서 돌아와 자전거를 배우겠다고 했다. 그 날도 아이들이 넘어지지 않도록 두 손으로 자전거를 꼭 붙들고 달렸다. 아들 뒤에서 자전거를 붙들고 달리면서 소리쳤다.

"아빠가 뒤에서 붙들고 있으니깐 겁먹지 말고, 핸들이 좌우로 흔들리지 않도록 꽉 붙잡고, 멈추지 말고 계속 자전거 페달을 밟아!"

그날 밤도 피곤한 몸을 이끌고 잠을 자려는데 낮에 아이들에게 자전거를 가르쳐 주기 위해 내가 했던 말들이 귀에서 맴돌았다. 하나님이 목회라는 자전거를 배우는 나에게 하시는 음성처럼 들렸다.

"겁먹지 말고 흔들리지 말고 멈추지 말고 계속 목회의 페달을 밟아!"

하나님은 지금도 어린아이와 같이 부족한 목사인 나에게 목회라는 자전거를 가르쳐 주신다. 앞으로도 하나님은 나에게 목회를 가르쳐 주시면서 목회 현장에서 붙들어 주실 것을 믿는다.

셋째 날에도 쌍둥이들에게 자전거 타는 법을 가르쳐 주기 위해 빌려온 자전거를 끌고 밖으로 나갔다. 자전거를 빌린 마당에 아이들에게 보호 장비를 갖추어 주는 건 생각지도 못했다.

셋째 날은 자전거를 타면서 조금씩 균형을 잡는 것 같았다. 그래서 뒤에서 자전거를 잡고 뛰다가 살짝 잡고 있던 손을 놓았는데 그걸 아들 녀석이 알아차렸다. 아빠가 어느 순간에 자전거를 놓을 것이라는 것을 이미 알고 있었다는 듯이 뒤를 돌아보다가 핸들이 꺾여 넘어지고 말았다. 아들 녀석의 무릎에 상처가 나고 상처에서 피가 흐르기 시작했다.

피가 나는 걸 본 아들은 넘어진 자전거를 버려두고 엄마가 있는 집으로 달려갔다. 나는 달려가는 아들을 불러 세웠다. 그리고 아들에게 말했다. 자전거는 포기 하지 않으면 누구나 잘 탈 수 있는 것이라고. 잠시 후에 집에 들어갔던 아들은 무릎에 약을 바르고 반창고를 붙이고 다시 밖으로 나왔다. 그리고 기특하게도 다시 자전거에 올라타더니 무릎의 상처에도 불구하고 씩씩하게 패달을 돌리며 자전거 배우기를 포기하지 않았다. 그 다음 날에도 아들은 자전거를 타다가 넘어져 작은 상처를 입었지만 포기하지 않았다. 그렇게 아이들은 내가 뒤에서 붙잡아 주지 않아도 혼자서 자전거를 타게 되었다.

아이들에게 자전거를 가르치면서 한 가지 더 깨닫게 되었다. 하나님께서도 나에게 목회라는 자전거를 가르치면서 목회는 끝까지 포기하지 않으면 누구나 잘 할 수 있는 것이라고 말씀하신다는 것을 말이다. 나는 모든 면에서 부족한 사람이다. 목회에 대한 준비가 되지 않은 상태에서 목회 현장에 뛰어든, 자전거를 처음 배우는 어린아이 같은 목사였다.

그런데 어린 아이 같은 나에게 하나님은 비전을 주셨다. 예배 찬양 사역자 100명을 세우라는 목회 비전을 주신 것이다. 그리고 말씀을 통해 그 비전속에는 다음 세대를 하나님 나라 일꾼으로 세우는 뜻이 있음을 깨닫게 되었다. 비전의 의미를 깨달은 후에 바이올린 교실을 통하여 교회 학교 오케스트라를 세우는 교회 특성화가 이루어지게 되었다. 그리고 교회 성도들과 학생들에게 비전이 녹아들어 교회 학교학생 100% 현악기를 배우는 교회로 세워져 갔다.

하나님은 음악을 전공하지도 않은 나에게 찬양의 비전을 주시고 교회 오케스트라 세우기를 하게 하셨다. 그리고 교회 오케스트라를 세우는 비전을 우리 교회뿐만 아니라 다른 교회들과 나누게 하시면서 더 많은 교회에 오케스트라를 세우게 하시고 교회 연합 오케스트라를 이끌어 가게 하셨다. 이것은 음악을 전공하지 않는 내가 감당하기에는 너무나 큰 비전임에 틀림없다. 하나님은 왜 부족한 나에게 이렇게 큰 비전을 주셨을까? 그리고 비전을 다른 교회들과 나누는 일에까지 나를 쓰시는가? 왜 나일까? 이런 방면으로 나보다 더 뛰어난 사람들도 많이 있을텐데 말이다.

이런 고민을 하던 중에 내가 개척 교회를 시작해서 10년 동안 목회를 했다고 우리 교회에서 신학대학교 동기 모임을 갖게 되었다. 동기 모임을 통해서 동기들과 우리 교회 비전을 나눌 수 있는 기회가 되었다.

우리 교회 비전을 소개하면서 비전 나눔 마지막에 동기들에게 이런 말을 했다. '교회 오케스트라는 내가 하면 누구나 할 수 있다.' 이 말이 내 입에서 나왔을 때 나는 하나님이 나에게 교회 오케스트라를 세우는 비전을 주신 이유를 깨닫게 되었다. 왜 나같이 부족한 사람에게 이렇게 큰 비전을 주신 줄 알게 되었다.

하나님이 나에게 찬양의 비전을 주신 이유는 나 같이 부족한 사람도 한다는 것을 통해 누구나 할 수 있다는 것을 보여주시기 위해서였다. 그만큼 하나님은 교회 오케스트라 세우기를 원하시는 것이다. 교회 오케스트라 세우는 비전이 더욱 확대되기를 원하시는 것이다.

하나님은 교회를 통하여 찬양 받으시길 원하신다. 하나님은 우리가 교회 오케스트라를 통해서 예배 찬양 사역자로 세워지고 하나님을 찬양하면서 성령 받고 말씀으로 변화되어 새 사람이 되어 하나님의 사명을 받아 하나님 나라 일꾼으로 왕 같은 제사장이 되기를 원하시는 것이다. 그리고 하나님의 역사가 한국 교회와 전 세계로 뻗어 나가길 원하시는 것이다.

교회 비전을 이루어 갈 때 가파른 길로 가지 않고 완만한 길로 가려고 고집했다. 가파른 길로 오르면 뒤 쫓아 오는 사람이 힘들고 끝까지 따라올 사람이 없기 때문이다. 물론 나는 가파른 길로 갈 수 있는 사람도 못 된다. 가파른 길로 갈 수 있는 실력이 되지 않기 때문이다. 그래서 하나님이 나에게 교회 오케스트라 세우는 비전을 주신 것이라 생각한다.

우리가 가는 길은 완만한 길이다. 누구나 따라 올 수 있는 길이다. 내 실력이 그것 밖에 되지 않기 때문이다. 나는 지금까지 하나님이 주신 비전을 나누었다. 교회의 비전을 나누면 더 많은 교회가 오케스트라 세우기에 도전하게 되리라 생각한다. 그리고 모든 교회가 오케스트라를 세우는 것이 가능하리라 생각한다. 누구나 따라올 수 있고 누구나 할 수 있게 완만하게 걸어가고 있기 때문이다.

교회 비전을 다른 교회와 나누고자 했을 때 우리 교회 비전을 다른 교회와 나누면 우리 교회보다 먼저 예배 찬양 사역자 100명을 세우는 교회가 나올 수 있을 것이라 생각했다. 나는 이 또한 이루어지길 것이라 믿는다. 내가 하면 누구든지 나보다 먼저 할 수 있다. 나보다 먼저 예배 찬양 사역자 100명을 세울 교회가 있을 것이다.

교회 비전 나눔을 위해 우리 교회 비전팀을 데리고 다른 교회에 초청되어 갈 때가 있다. 그 교회에서 비전을 나누고 우리 비전팀이 준비한 찬양을 연주하는데 그 때마다 내가 비전 팀에게 당부하는 말이 있다. 그것은 잘하려고 하지 말라는 것이다. 물론 잘하고 싶다. 그런데 솔직히 우리 비전 팀은 잘하고 싶어도 잘하지 못하는 팀이다. 잘하고 싶어도 실력이 되지 않는 팀이다. 그러니 잘하려고 하면 더 긴장해서 못할 것이다. 그러나 꼭 긴장하지 말라는 뜻에서 잘하려고 하지 말라는 것은 아니다.

초청을 받은 교회에서 우리 비전 팀이 찬양 연주를 마친 후에 내가 교회 비전 나눔의 시간을 갖는다. 내가 교회 비전 나눔을 시작할 때 제일 먼저 하는 말이 있다.

"여러분의 교회는 우리보다 잘 할 수 있습니다."

모든 교회가 우리 교회 보다 잘할 수 있다. 그리고 우리 교회 보다 잘하길 진심으로 바란다. 우리 교회 비전 팀은 잘하지 못한다. 잘하지 못하기 때문에 더 잘하라고 말해야 하지만 오히려 잘하려고 하지 말라고 한다. 그리고 나보다 남이 잘하길 바라는 마음을 가지라 한다.

우리 교회 비전 팀보다 실력이 뛰어난 팀들은 정말 많이 있다. 그런데 실력이 부족한 우리 교회 비전 팀이 하나님으로부터 쓰임을 받는 이유가 무엇일까. 우리 교회 비전 팀 연주를 듣고 그 교회가 우리 교회보다 더 잘할 수 있다는 것을 보여주기 위함이 아니겠는가. 우리 교회 비전 팀 연주를 듣고 그 교회가 더 잘 할 수 있겠다고 생각하면 우리의 역할은 다 한 것이다.

모든면에 부족한 나를 하나님이 사용하시는 이유가 무엇이겠는가. 모든 교회가 오케스트라를 세우는데 나보다 잘 할 수 있다는 것을 보여줄 수 있다면 나도 내 역할을 다 한 것이 아닌가. 나도 비전팀이 연주할 때 함께 연주한다. 그런데 우리 교회 비전 팀 중에서도 제일 못한다. 그런 나도 전공자들과 연주도 함께 했다. 그러니 내가 하면 누구나 악기를 할 수 있다. 나는 내가 하면 누구나 현악기를 할 수 있다고 생각한다. 이것이 부족한 나를 하나님이 쓰시는 이유일 것이다.

청년 때 다니던 교회에서는 누구나 성가대를 할 수 있었듯이 누구나 현악기를 배워서 오케스트라를 할 수 있어야 한다. 누구나 성가대를 할 수 있었고 누구나 성가대를 하고자 했을 때 성령이 역사하신 것처럼 누구나 오케스트라에 참여할 수 있고 찬양하려고 할 때 성령의 역사가 다시 한국 교회에 강하게 역사하시리라 믿는다.

사회에서나 교회에서나 현악기를 가르치고 오케스트라를 운영하는 것은 쉽지 않은 일이다. 지금도 많은 교회가 현악기를 가르치고 오케스트라를 운영하고 있지만 누구나 따라 할 수 있는 것은 아니다. 그렇지만 교회는 성가대의 경험이 있다. 바이올린, 비올라, 첼로를 4파트로 나눠서 성가대 하듯이 하면 된다. 교회 오케스트라는 성가대보다 하기 쉽다. 사람 목소리는 다 다르지만 악기 소리는 튜닝만 하면 똑같은 소리를 내지 않는가. 개척 교회를 시작해서 초등학생들을 전도하고 그들에게 악기를 가르치며 비전팀을 이루기까지 7년이 걸렸다.

그런데 교회에 학생, 청년들이 대여섯 명만 있어도 금방 오케스트라를 형성할 수 있다. 성가대 연습을 하듯이 악기를 들려주고 파트 연습을 통해 악기를 가르쳐 주면 된다. 그러면 따로 악기를 가르치지 않아도 찬송가를 연습하면서 악기를 배울 수 있다. 그렇게 하면 우리 교회가 7년 걸린 것을 기존의 교회들은 불과 5-6개월 만에 이룰 수 있을 것이다.

교회 오케스트라 세우는 것은 문화 사역을 넘어서야 한다. 악기를 가르치는 것은 교회의 본질이 되어야 한다. 찬양은 교회의 본질인 것이다. 전공자처럼 멋지게 활을 긋지 못하고 멋지게 비브라토를 하지 못하면 어떤가. 전공자와 비전공자가 연합하여 찬양할 수 있다면 내가 좀 못해도 그것은 문제가 되지 않는다. 처음엔 악기를 잘 다루지 못해도 교회에 전공자를 두고 끝까지 악기를 배우며 찬양하면 된다. 포기하지 않으면 찬양하고자 하는데 악기 실력이 문제가 되지 않는 때가 반드시 온다. 실력을 중요시 하는 사회 분위기가 교회 안에서 자리잡게 되면 교회 오케스트라를 세우는 것도 어렵게 된다. 그런 교회는 전공자로 교회 오케스트라 자리를 채워야 할 것이다. 그렇게 되면 누구나 찬양할 수 있는 교회가 되기 어려워 질 수 있다.

다윗이 왕으로 기름 부음을 받을 때 하나님은 다윗의 외모를 보신 것이 아니었다. 하나님은 다윗의 악기 실력을 보시고 다윗을 왕으로 택하신 것도 아니다. 하나님은 다윗의 마음 중심을 보신 것이다. 따라서 교회의 음악은 성령과 말씀으로 하나님 보시기에 합당한 마음으로 변화시키는데 중점을 두어야 한다.

하나님의 관심은 다윗을 궁중 악사로 만드는데 있지 않았다는 점도 기억하자. 그렇기에 교회 오케스트라 세우기의 목적도 단지 악기를 다루는 실력을 향상 시키는데 있지 않다는 것을 분명히 할 필요가 있다. 악기를 배우는 실력이 목적이 되면 하나님의 일꾼을 세우는 교회의 비전과 멀어질 수 있다. 물론 교회에서 악기를 배우는 이들 중에 음악을 전공하려는 학생들도 있을 것이다. 교회에서 음악을 전공하는 이들도 나와야 한다. 하지만 음악을 전공하더라도 단지 궁중 악사로 머무는 것이 아니라 하나님의 사명을 깨달아 왕 같은 제사장이 되어야 하겠다.

바이올린을 전공한 사람이 바이올린으로 무엇을 해야 할지 모른다면 그는 아직 하나님의 사명을 받지 못했거나 발견하지 못한 것이다. 이 때문에 하나님이 음악을 전공하지 않은 목사인 나를 교회 오케스트라 세우는 일에 사용하신다고 생각한다. 하나님이 사명을 주시는 것은 악기를 다루는 실력에 있지 않다는 것을 나를 통해 보여 주시려는 것이다. 교회의 분위기를 바꿔보자. 누구나 성가대를 할 수 있는 예전의 교회처럼 누구나 오케스트라를 할 수 있는 분위기를 만들어 보자. 그리고 교회 안에서 스승과 제자가, 전공자와 비전공자가 함께 찬양하는 분위기를 자연스럽게 만들어 보자.

시편 150편은 우리에게 이렇게 전한다.

"할렐루야 그의 성소에서 하나님을 찬양하며
그의 권능의 궁창에서 그를 찬양할지어다
그의 능하신 행동을 찬양하며
그의 지극히 위대하심을 찬양할지어다.
나팔 소리로 찬양하며 비파와 수금으로 찬양할지어다
소고 치며 춤 추어 찬양하며 현악과 퉁소로 찬양할지어다
큰 소리 나는 제금으로 찬양하며
높은 소리 나는 제금으로 찬양할지어다
호흡이 있는 자마다 여호와를 찬양할지어다 할렐루야"

이 말씀을 묵상하며 하나님이 왜 나에게 예배 찬양 사역자를 100명이나 세우라 하셨는지 깨닫게 되었다. 예배 찬양 사역자 100명을

세우라는 비전을 받고 음악을 전공하지 않은 나는 100명을 만들기 위해 갖은 노력을 다했다. 100명을 만들려다 보니 성도가 몇 되지 않는 우리 교회에서는 남자나 여자, 어린이나 어른을 가리지 않고 누구에게나 악기를 권해야 했던 것이었다. 결국 예배 찬양 사역자 100명을 만들려다 보니 우리 교회는 누구나 현악기를 하는 교회가 된 것이다. 그렇게 우리 교회는 교회학교 학생 100% 오케스트라 하는 교회가 된 것이다.

이것이 하나님이 나에게 예배 찬양 사역자 100명을 세우라는 비전을 주신 이유라 생각한다. '그의 성소에서 하나님을 찬양하며... 호흡이 있는 자마다 여호와를 찬양할지어다' 하나님은 예배 찬양 사역자 100명을 만드는 것이 중요한 것이 아니라 누구나 찬양하는 사람으로 만들기를 원하시는 것이다.

하나님이 이렇게 누구나 찬양을 하기 원하시는데 찬양하는 이들에게 성령이 크게 임하지 않겠는가. 그리고 이들을 변하시켜 하나님의 일을 하게 하시지 않겠는가. 누구나 하나님을 찬양하는 이들은 성령으로 사명을 받아 하나님의 일꾼이 되어 왕 같은 제사장이 되게 하실 것이다. 부족한 내가 위대하신 하나님의 손에 이끌린다면 예배 찬양 사역자 100명 세우는 우리 교회 비전을 이루고, 교회 비전을 더 많은 교회들과 나누고, 교회 비전을 통해 세계 선교를 하는 그 날까지 목회의 페달을 멈추지 않고 밟을 수 있게 될 것이다.

비록 글 쓰는 재주가 없어도 이 책을 통해서 많은 교회들이 교회 오케스트라를 세우는 일을 나보다 잘 할 수 있게 되고, 하나님을 더 멋지게 찬양하는 일이 이루어진다면 나의 보잘 것 없어 보이는 이 책도 그 역할을 충분히 감당한 것이라 생각한다. 그리고 한 가지 더 바랄 것이 있다면 이 책에서 제시한 방법들뿐만 아니라 작지만 건강한 교회 로 세우기 위한 더 많은 방법들이 소개되었으면 하는 것이다. 그렇게 되면 이 책에서 언급한 교회 학교 오케스트라 세우기라는 특성화는 작지만 건강한 교회가 되기 위한 많은 방법 중에 하나가 될 것이다.

앞으로 많은 교회들의 특성화가 소개된다면 분명 이 시대에 한국 교회들을 건강하게 세우는 역사가 조금 더 앞당겨 지리라 생각한다.

이제 자전거와 관련된 경험을 하나 더 소개하면서 글을 마치려 한다.

몇 해 전에 지인이 경품으로 받았다며 나에게 자전거를 선물로 주었다. 기어가 있는 자전거였다. 난생 처음 타보는 기어 자전거였다. 처음 접하는 기어 자전거라 기어에 적응하기까지 많은 시간이 필요할 것 같았다.

며칠 후 모임이 있어 자전거를 타고 갔다. 그 모임에는 평소 자전거를 잘 타시는 선배 목사님도 참석하셨는데 그분도 자전거를 타고 오셨다. 그분의 자전거에 비하면 경품으로 받은 내 자전거는 비교도 안 되었다.

모임 장소에서 자전거를 타고 오시는 목사님과 마주쳤다. 순간 나는 내 자전거가 부끄러워 숨기고 싶었다. 그런데 선배 목사님은 내 자전거를 보시면서 이렇게 말씀하셨다.

"그 자전거 괜찮네!"

모임을 마치고 경품으로 받은 자전거를 타고 집에 오는데 어찌 된 일인지 내 자전거가 기어도 잘 바뀌면서 얼마나 잘 나가던지 그때는 정말 내 자전거가 아주 값비싼 자전거가 된 것 같았다.

자전거를 잘 타시는 목사님의 한마디가 가져온 변화였다. 칭찬은 고래도 춤추게 한다. 물론 나는 안다. 경품으로 받은 자전거가 좋아봐야 얼마나 좋겠는가. 그렇지만 그런 자전거도 값비싼 자전거로 바꾸는 것이 칭찬 한마디였다.

나는 목회를 잘하지 못한다. 목회에 나와서야 내가 목회의 준비가 되지 않았다는 사실을 알게 되었다. 준비도 되지 않은 상태에서 목회를 시작했으니 그 목회가 오죽했으랴. 내가 탄 목회라는 자전거는 경품으로 받은 자전거만도 못했을 것이다. 그런데 주위의 목회를 잘하시는 선배 목사님들이 잘한다고, 잘하고 있다고 나를 칭찬해 주시고 격려해 주셨다.

그 한마디에 나는 춤을 췄다. 내 부족함은 잊고 열심히 목회할 수 있었다. 힘든 줄 모르게 교회를 섬길 수 있었다. 하나님이 주신 비전을 위해 모든 것을 헌신할 수 있었다.

모든 분들께 감사를 드린다.